Kommunikationswissenschaft studieren

Jens Vogelgesang

Kommunikations-
wissenschaft studieren

Jens Vogelgesang

Springer VS
ISBN 978-3-531-18027-4   ISBN 978-3-531-93473-0 (eBook)
DOI 10.1007/978-3-531-93473-0

Die Deutsche Nationalbibliothek verzeichnet diese Publikation in der Deutschen Nationalbibliografie; detaillierte bibliografische Daten sind im Internet über http://dnb.d-nb.de abrufbar.

© Springer Fachmedien Wiesbaden 2012
Das Werk einschließlich aller seiner Teile ist urheberrechtlich geschützt. Jede Verwertung, die nicht ausdrücklich vom Urheberrechtsgesetz zugelassen ist, bedarf der vorherigen Zustimmung des Verlags. Das gilt insbesondere für Vervielfältigungen, Bearbeitungen, Übersetzungen, Mikroverfilmungen und die Einspeicherung und Verarbeitung in elektronischen Systemen.

Die Wiedergabe von Gebrauchsnamen, Handelsnamen, Warenbezeichnungen usw. in diesem Werk berechtigt auch ohne besondere Kennzeichnung nicht zu der Annahme, dass solche Namen im Sinne der Warenzeichen- und Markenschutz-Gesetzgebung als frei zu betrachten wären und daher von jedermann benutzt werden dürften.

Einbandentwurf: KünkelLopka Medienentwicklung, Heidelberg

Gedruckt auf säurefreiem und chlorfrei gebleichtem Papier

Springer VS ist eine Marke von Springer DE.
Springer DE ist Teil der Fachverlagsgruppe Springer Science+Business Media
www.springer-vs.de

Inhalt

Vorwort 7

1 Das Fach und seine interdisziplinären Bezüge   9
Kommunikationswissenschaft 10
Politikwissenschaft 14
Soziologie 17
Kulturwissenschaft 22
Psychologie 25
Wirtschaftswissenschaften 28
Geschichte 31

2 Die Zeit vor dem Studium   35
Persönliche Voraussetzungen 36
Unterschied zwischen Schule und Studium 43
Ausbildung vor dem Studium 46
Wahl des Studienortes 50

3 Der Studienalltag   55
BA- und MA-Studium 56
Vorlesungen, Seminare und Übungen 59
Gute und schlechte Referate 63
Klassikerlektüre 67
Methoden und Statistik 70
Praxisanteile 76
Forschungsprojekte im Studium 79
Praktika 83
Auslandsstudium 89
Abschlussarbeiten 94
Stress und Leistungsdruck 97
Vereinbarkeit von Familie und Studium 101
Missverständnisse zwischen Studierenden und Professoren . . . 105

4 Die Berufsfelder 111
Kommunikationsmanagement 112
Journalismus 117
Markt-, Medien- und Mediaforschung 122
Medienmanagement 127
Kommunikationswissenschaft als Beruf 131

5 Die Zeit nach dem Studium 137
Berufsaussichten 138
Studium im persönlichen Rückblick 142

Namensverzeichnis 145
Verzeichnis der Studienorte 146

Vorwort

Kommunikationswissenschaft studieren – das wollen seit Jahren Zehntausende, die sich an deutschen Unis bewerben. Viele haben dabei schon bestimmte Berufswünsche im Kopf: Marketing, Journalismus, Öffentlichkeitsarbeit oder auch das fast schon sprichwörtliche „was mit Medien". Aber wie sieht so ein Studium aus, das sich um Medien und Kommunikation dreht? Wo kann man Kommunikationswissenschaft studieren? Wie kommt man an einen Studienplatz heran? Wer sich für ein Studium der Kommunikationswissenschaft interessiert, lernt schnell den Numerus Clausus kennen. Der Numerus Clausus ist vereinfacht gesagt die Note, die man im Abitur mindestens erreicht haben muss, um von einer Universität für einen spezifischen Studiengang zugelassen zu werden. Wenn die Zahl der Bewerber die der Studienplätze deutlich übersteigt, werden schnell nur noch die guten oder sehr guten Abiturientinnen und Abiturienten zugelassen. Bei vielen deutschen Studiengängen in der Kommunikationswissenschaft ist das der Fall. Hier ein paar Beispiele: Im Sommer 2011 verzeichnete die Ludwig-Maximilians-Universität München 2.238 Bewerber auf 234 freie Plätze im Bachelor-Hauptfach „Kommunikationswissenschaft". Bei der Freien Universität Berlin gingen zur gleichen Zeit 2.341 Bewerbungen für 101 freie Plätze im Kernfach des Studiengangs „Publizistik- und Kommunikationswissenschaft" ein und selbst in der vergleichsweise kleinen Universität Hohenheim in Stuttgart wurden 1.874 Bewerbungen auf 103 freie Plätze im Bachelor-Studiengang „Kommunikationswissenschaft" gezählt. Was ist denn da eigentlich so stark nachgefragt? Studieninformationstage und Tage der offenen Tür an Hochschulen zeigen, dass Studieninteressierte meist nur ein sehr vages Bild vom Gegenstand der Kommunikationswissenschaft und vom Uni-Alltag haben. Vorgegebene Studienpläne, die klassenzimmerartigen Räume an der Universität und gemeinsames Kaffeetrinken in den Pausen zwischen den Lehrveranstaltungen erzeugen bei Studienanfängern häufig den Eindruck, dass ein Studium eigentlich nichts anderes ist als Schule. Wenn man dann im Studium der Kommunikationswissenschaft die Techniken wissenschaftlichen Arbeitens erlernen soll, man auf Quellensuche geschickt wird, Fachausdrücke lernen muss und sich die Methoden wissenschaftlicher Erkenntnisgewinnung einem nicht sofort erschließen, stellen Studienanfänger der Kommunikationswissenschaft gerne die Frage: Was hat das denn bitteschön mit Medien und meinem späteren Berufswunsch zu tun? Die ehrliche, aber auch schonungslose Antwort lautet: zunächst einmal sehr wenig. Warum ist das so?

Im Gegensatz zu einer Berufsausbildung spielen in einem Studium der Kommunikationswissenschaft die praktischen Fähigkeiten, die man später im Beruf braucht, kaum eine Rolle. Im Mittelpunkt eines Studiums der Kommunikationswissenschaft steht vielmehr die wissenschaftliche Ausbildung. Die wissenschaftliche Ausbildung sieht vor, dass die Studierenden theoretisches Wissen über die Produktion, das Angebot, die Nutzung und die Wirkung medienvermittelter Kommunikation erwerben. Außerdem umfasst diese Qualifizierung: Erlernen von Quellenrecherche, kommunikationswissenschaftlicher Forschungsmethodik sowie wissenschaftlicher Präsentations- und Schreibtechnik. Das theoretische Wissen und die wissenschaftlichen Schlüsselkompetenzen, die auf den ersten Blick keinen direkten Bezug zur Berufspraxis haben, sind aber letztlich entscheidend dafür, wie erfolgreich man nach dem Studium dabei ist, in den offenen Berufsfeldern, in denen Kommunikationswissenschaftler arbeiten, einen Arbeitsplatz zu finden. Um deutlich und hoffentlich auch verständlich zu machen, was ein universitäres Studium der Kommunikationswissenschaft ausmacht und was es von einem Studium der Medienwissenschaft oder Journalistik unterscheidet, sind in diesem Studienführer 31 Interviews mit Professorinnen und Professoren versammelt. Ich hoffe, dass der Studienführer dazu beiträgt, einige der Fragen, die Studieninteressierte und Studienanfänger zum Studium der Kommunikationswissenschaft haben, zu beantworten.

Ganz herzlich bedanken möchte ich mich bei allen Interviewpartnern. Außerdem danke ich Ansgar Koch, Merja Mahrt, Patrick Rössler, Michael Scharkow und Gabriele Siegert für die gemeinsamen Diskussionen über das Konzept des Studienführers und Alexander Ort für die Korrektur der Druckvorlage. Außerdem möchte ich mich bei Barbara Emig-Roller in ganz besonderer Weise dafür bedanken, dass der VS Verlag bereit war, einen neuen Weg zu beschreiten und einen Studienführer als Interviewband zu verlegen.

Stuttgart-Hohenheim, Dezember 2011
Jens Vogelgesang

1 Das Fach und seine interdisziplinären Bezüge

Klaus Schönbach (Wien) über die Kommunikationswissenschaft

Herr Prof. Schönbach, wenn ich Sie als Abiturient fragen würde, warum ich mich für ein Studium der Publizistik- und Kommunikationswissenschaft an der Universität Wien entscheiden sollte, was wäre Ihre spontane Antwort?

Ich möchte die Frage mit einer Gegenfrage beantworten: Was wollen Sie als Abiturient mit dem Studium eigentlich erreichen? Im Unterschied zu Studienfächern wie Biologie oder Physik haben Abiturienten kaum eine Vorstellung davon, was sie in einem Studium der Kommunikationswissenschaft erwartet. Viele fangen an, Kommunikationswissenschaft zu studieren, weil sie denken, das Studium würde ihnen eine Karriere als Werbedesigner, Journalist oder Tagesschau-Sprecher ermöglichen. Das ist jedoch ein Irrtum. Darum geht es bei einem Studium der Kommunikationswissenschaft nicht. Wichtig ist, dass sich Studieninteressierte zuerst einmal über ihre eigenen Ziele klar werden, die sie mit einem Studium der Kommunikationswissenschaft meinen erreichen zu können. Entsprechen die eigenen Ziele dem, was ein Studiengang Kommunikationswissenschaft vermitteln kann, dann lohnt es sich auch die Frage zu stellen, wo man studieren möchte. Nun zurück zu Ihrer Frage: Warum in Wien studieren? Wien hat beispielsweise einen sehr guten internationalen Ruf in den Bereichen der Public Relations- oder Unterhaltungsforschung und auch im Bereich der interkulturellen Kommunikation. Wien als Studienort ist zudem aufgrund seiner geografischen Lage sehr attraktiv, weil Drehscheibe zwischen West- und Osteuropa. Die slowakische Hauptstadt Bratislava ist mit der S-Bahn von Wien aus in weniger als einer Stunde erreichbar. Wer sich für den Kontakt mit den zentral- und südosteuropäischen Kulturen interessiert, der ist in Wien ganz gut aufgehoben, finde ich. Im Master-Studium werden bereits einige englischsprachige Lehrveranstaltungen angeboten, nicht zuletzt als Reaktion auf unsere internationale Studierendenschaft. Künftig werden wir in Wien im Master-Studiengang in jedem Semester englischsprachige Lehrveranstaltungen anbieten.

Sie selbst haben Publizistik an der Universität Mainz studiert. Was war Ihr Motiv für die Wahl dieses Studienfachs?

Ich wollte ursprünglich Fernsehjournalist werden. Ich habe Publizistik im Nebenfach studiert, weil mir damals alle gesagt haben, wenn Du Fernsehjournalist werden willst, musst Du gut Deutsch können, weswegen ich zuerst Germanistik im Hauptfach studiert habe. Nach einem Semester habe ich gemerkt, dass mich die Publizistik sehr viel mehr interessiert als die Germanistik. Mein Haupt- und Nebenfach habe ich getauscht, weil mir Elisabeth Noelle-Neumann durch ihre Vorlesung klar gemacht hat, dass es im Studium der Kommunikationswissenschaft um etwas ganz anderes geht als ich bis dahin dachte. Man wird im Studium gar nicht zum Fernsehjournalist ausgebildet, sondern man wird Sozialwissenschaftler, man wird Forscher. Außerdem konnte ich im Mainzer Studiengang meine Liebe zur Mathematik einbringen. Die Kombination aus der sozialen Fragestellung „Wie wirken Medien auf den politischen Prozess?" und den exakten Methoden der Statistik hat mir dann so gut gefallen, dass ich mich nach einem weiteren Jahr dazu entschlossen habe, Sozialwissenschaftler zu werden und nicht Fernsehjournalist.

Bedauern Sie es manchmal, nicht Fernsehjournalist geworden zu sein?

Nein, wenn überhaupt bedauere ich nur, dass ich nicht Archäologe geworden bin. Troja weiter auszugraben, das wäre wirklich eine schöne Alternative für mich gewesen.

Anders als die Biologie oder die Physik hat das Studienfach, über das wir sprechen, keine einheitliche Bezeichnung in Deutschland. In Berlin heißt der Studiengang „Publizistik- und Kommunikationswissenschaft", in München heißt der Studiengang „Kommunikationswissenschaft" und in Tübingen heißt der Studiengang „Medienwissenschaft". Was ist der Unterschied zwischen diesen Studiengängen?

Nach meinem Verständnis ist die Publizistik die Lehre von der öffentlichen Kommunikation, damit meine ich Radio, Fernsehen oder Zeitungen. Publizistik ist als Begriff enger gefasst als die Kommunikationswissenschaft. Die Kommunikationswissenschaft schließt in meinen Augen die Publizistik ein, da es in der Kommunikationswissenschaft auch um andere Formen der Kommunikation geht wie beispielsweise das Internet oder Telefonate. Die Medienwissenschaft steht der Kommunikationswissenschaft auf einer gleichen Abstraktionsebene gegenüber. In beiden Studienfächern geht es um medienvermittelte Kommunikation. Die Kommunikationswissenschaft ist im Gegensatz zur stärker geistes- bzw. kulturwissenschaftlich orientierten Medienwissenschaft eine stärker empirisch-analytisch orientierte Sozialwissenschaft. Kommunikationswissenschaftler benutzen in der Forschung gerne die Methoden der empirischen Sozialforschung wie beispielsweise die Befragung oder sie führen Experimente durch; Medienwissenschaftler arbeiten dagegen häufiger mit geistes- oder kulturwissenschaftlichen Methoden wie der Hermeneutik, die man vielleicht noch aus dem eigenen Deutschunterricht kennt.

Im CHE-Ranking bildet das Studienfach Kommunikationswissenschaft zusammen mit dem Studienfach Journalistik eine Kategorie. Wodurch unterscheidet sich die Journalistik von der Kommunikations- und auch Medienwissenschaft?

Im Gegensatz zur Kommunikations- und Medienwissenschaft ist die Journalistik stärker anwendungs- und praxisorientiert. Die akademische Ausbildung ist in den Journalistik-Studiengängen in Deutschland ganz klar auf die journalistische Praxis ausgerichtet. Wer Journalistik studiert hat, wird im Anschluss an sein Studium sofort anfangen können, im Journalismus zu arbeiten. Man lernt dort beispielsweise, was eine gute Überschrift ausmacht oder wie man eine Radioreportage produziert. Der starke Fokus auf die journalistische Praxis schließt natürlich wissenschaftliche Lehrinhalte im Journalistik-Studium nicht aus. Das Berufsbild ist in der Journalistik insgesamt sehr viel klarer und schärfer umrissen.

Die kommunikations- oder medienwissenschaftlichen Studiengänge sind im Vergleich zur Journalistik stärker berufsvorbereitend und weniger berufspraktisch angelegt. Die Berufsziele von Kommunikations- und Medienwissenschaftlern sind sehr viel weniger klar umrissen. Niemand, der Kommunikations- oder Medienwissenschaft studiert hat, kann beispielsweise nach Beendigung des Studiums eine Pressemitteilung oder eine Glosse schreiben, die professionellen Maßstäben genügen. In Wien sagen wir unseren Studierenden immer, dass wir ihnen nicht beibringen, wie man eine Pressemitteilung schreibt. Sie lernen vielmehr zu entscheiden, wann es besser ist, nur eine Pressemitteilung zu schreiben oder lieber doch zusätzlich noch eine Pressekonferenz zu veranstalten.

Was entgegnen Sie einem Soziologen, wenn er behauptet, die Kommunikations- oder Medienwissenschaft seien nichts weiter als eine akademische Teildisziplin der Soziologie und zwar der Mediensoziologe?

Meine Antwort wäre, dass er Recht hat. Kommunikationswissenschaft kann auch Mediensoziologie sein – aber nicht nur! Die Kommunikationswissenschaft ist, wie die Pädagogik übrigens auch, eine Integrationswissenschaft. Integrationswissenschaften zeichnet ein spezifisches Untersuchungsobjekt aus – Medien bei der Kommunikationswissenschaft, Lernen bei der Pädagogik. Charakteristisch für Integrationswissenschaften ist meines Erachtens die multiperspektivische Herangehensweise an das Untersuchungsobjekt. Der Soziologe hat mitunter nur die soziologische Brille, der Kommunikationswissenschaftler hat dagegen verschiedene Brillen. In der Kommunikationswissenschaft macht man sich beispielsweise berufssoziologische Erkenntnisse zunutze, wenn der Arbeitsalltag und die

Redaktionsroutinen im Journalismus untersucht werden. In der Publikumsforschung spielen sozialpsychologische, kognitions- und emotionspsychologische Theorien eine große Rolle. Juristisches Wissen fließt in Form des Medienrechts in den Lehr- und Forschungsalltag der Kommunikationswissenschaft ein. Die Philosophie prägt die Untersuchungen medienethischer Fragestellungen, die Politikwissenschaft wiederum hat einen großen Stellenwert in der politischen Kommunikationsforschung und die Pädagogik ist aus der Medienkompetenzforschung nicht wegzudenken.

Sind die Unterschiede zwischen einem Studium der Kommunikationswissenschaft, Medienwissenschaft oder Journalistik von Bedeutung, wenn ich mich als Abiturient für ein Bachelor-Studium entscheide?

Auf den ersten Blick vielleicht nicht. Ich habe ja eingangs argumentiert, dass man als Studieninteressierter versuchen sollte, sich darüber klar zu werden, welche persönlichen Ziele man hat und wie gut diese Ziele zu den Lehrinhalten eines Studiengangs passen. Denkt man über den Bachelor hinaus an ein mögliches Master-Studium, dann sind diese Unterschiede schon von einer gewissen Bedeutung. Ich will das mal an einem Beispiel illustrieren: Wenn ich aus einem eher geisteswissenschaftlich geprägten Bachelor-Studiengang komme und dann einen empirisch-sozialwissenschaftlichen Master-Studiengang studieren möchte, könnte es zu einem Problem werden, dass ich nicht mit den entsprechenden Forschungsmethoden vertraut bin, weil ich das nötige Vorwissen in meinem Bachelor-Studiengang nicht erworben habe. Die Anschlussfähigkeit von Bachelor- und Master-Studiengang sind demzufolge nicht ganz unwichtig, aber wie meine eigene Studienkarriere zeigt, kann sich das Berufsziel während des Studiums noch ändern. Eine Studienkarriere direkt nach dem Abitur von A bis Z durchzuplanen, ist meiner Meinung nach unmöglich. Es passiert einfach zuviel mit einem selbst während des Studiums. Bachelor-Studierenden würde ich daher den Rat geben, sich am besten in der Mitte des Studiums über die Anschlussfähigkeit ihres Studiums zu informieren, sofern überhaupt der Wunsch besteht, ein Master-Studium anzuhängen.

Prof. Dr. Klaus Schönbach ist Professor für Kommunikationswissenschaft an der Universität Wien. Er hat an der Johannes Gutenberg-Universität Mainz die Fächer Germanistik und Publizistik studiert.

Patrick Donges (Greifswald) über Politikwissenschaft

Herr Prof. Donges, Sie lehren und forschen an der Ernst-Moritz-Arndt-Universität Greifswald am Institut für Politik- und Kommunikationswissenschaft. Können Sie kurz den Bachelor-Studiengang „Kommunikationswissenschaft" sowie die Master-Studiengänge „Sprache und Kommunikation" und „Organisationskommunikation" vorstellen?

Die Bachelor-Studiengänge in Greifswald sind als Doppelstudiengänge konzipiert. Man studiert bei uns Kommunikationswissenschaft immer in Kombination mit einem anderen Fach. Das kann dann beispielsweise die Politikwissenschaft, die Germanistik oder die Wirtschaft sein. Das Greifswalder Bachelor-Studium unterscheidet sich von anderen kommunikationswissenschaftlichen Studiengängen durch einen Schwerpunkt im Bereich der interpersonalen Kommunikation. Weitere Schwerpunkte im Bachelor-Studiengang sind die öffentliche Kommunikation und die Netzkommunikation. Außerdem lernen die Studierenden bei uns natürlich die Methoden der Kommunikationswissenschaft kennen. Unser Master-Studiengang „Organisationskommunikation" ist sowohl forschungs- als auch anwendungsorientiert gestaltet. Thematisch bezieht er sich auf die Kommunikation von und in verschiedenen Typen von Organisationen, also nicht allein auf die Kommunikation von Wirtschaftsorganisationen, sondern beispielsweise auch auf die von politischen oder Non-Profit-Organisationen. Im Master-Studiengang „Sprache und Kommunikation", den wir in Kooperation mit dem Institut für Deutsche Philologie anbieten, besuchen die Studierenden sprachwissenschaftliche und kommunikationswissenschaftliche Lehrveranstaltungen. Dieser interdisziplinäre Studiengang steht Bachelor-Absolventen offen, die entweder Kommunikationswissenschaft oder Germanistik studiert haben.

Wir wollen darüber sprechen, in welchem Verhältnis die Politikwissenschaft und die Kommunikationswissenschaft zueinander stehen. Zuerst aber: Was ist Politikwissenschaft?

Darüber diskutieren Politikwissenschaftlicher genauso gerne wie wir über den Begriff der Kommunikation. Politikwissenschaft beschäftigt sich mit kollektiv verbindlichen Entscheidungen. Die Politikwissenschaft untersucht die Strukturen, innerhalb derer diese Entscheidungen getroffen werden, aber auch den Prozess der Entscheidungsfindung selbst, die beteiligten Akteuren sowie die Inhalte der Entscheidungen.

Sie selbst haben an der Universität Hamburg die Fächer Politikwissenschaft und Journalistik studiert. Während Ihres Studiums haben Sie mit der politischen Kommunikationsforschung die akademische Schnittstelle zwischen der Kommunikations- und der Politikwissenschaft kennengelernt. Haben Sie sich schon als Abiturient für politische Kommunikationsforschung interessiert?

Nein, nicht in diesem Sinne. Ich war natürlich interessiert an Politik. Ursprünglich wollte ich einmal Journalist werden, wusste aber als Abiturient nicht, dass es an Universitäten ein spezielles Forschungsfeld mit dem Namen politische Kommunikationsforschung gibt. Ich habe Politikwissenschaft im Hauptfach studiert und Journalistik im Nebenfach. Im Laufe des Studiums habe ich viele Lehrveranstaltungen des Politikwissenschaftlers Hans Kleinsteuber und des Kommunikationswissenschaftlers Otfried Jarren besucht. Beide haben im Laufe des Studiums meine Interessen besonders geprägt. Neben der politischen Kommunikationsforschung interessiert mich bis heute die Frage, wie Gesellschaften Medien regulieren und wie medienpolitische Entscheidungen zustande kommen. Die Erforschung der Entstehung von medienpolitischen Entscheidungen spielt in der Kommunikationswissenschaft eine größere Rolle als in der Politikwissenschaft. Das liegt sicher daran, dass die Medienpolitik kein zentrales Politikfeld ist, mit dem man Wahlen gewinnt. Medienpolitik wird ja eher in den Hinterzimmern von Staatskanzleien unter Ausschluss der Öffentlichkeit gemacht. Durch die Digitalisierung und die Online-Kommunikation gewinnt dieses Politikfeld jedoch wieder mehr an Bedeutung und auch an öffentlicher Aufmerksamkeit. Das zeigt zum Beispiel die Debatte um den Umgang mit Daten im Netz oder auch Fragen des Urheberrechts.

Wodurch unterscheiden sich Kommunikations- und Politikwissenschaft mit Blick auf die politische Kommunikationsforschung voneinander?

Die Politikwissenschaft teilt sich klassisch ein in Regierungslehre, vergleichende Regierungslehre, internationale Politik, Theorien und Methoden. Die Politikwissenschaft geht etwas grundsätzlicher die Frage heran, wie Politik funktioniert und interessiert sich mehr für die Rahmenbedingungen des Zustandekommens politischer Kommunikation. Die Kommunikationswissenschaft ist dagegen nicht so eindeutig intern differenziert wie die Politikwissenschaft. In der Kommunikationswissenschaft stehen sehr häufig einzelne Medieninhalte sowie ihre Wirkungen auf die Bürgerinnen und Bürger im Zentrum der Forschung, vor allem im Bereich der Wahlkampfkommunikation.

Welche Rolle spielt die Politikwissenschaft in einem Studium der Kommunikationswissenschaft?

Wenn ich als Kommunikationswissenschaftler beispielsweise die Rolle des Internets in Wahlkämpfen der USA und Deutschland vergleichend untersuchen möchte, muss ich mich mit den politischen Systemen beider Länder auseinandersetzen. Es ist ja plausibel anzunehmen, dass die Rolle des Internets in den USA und in Deutschland im Wahlkampf allein schon deshalb unterschiedlich ist, weil sich das Wahlrecht, das Parteiensystem oder die politische Kultur in beiden Ländern unterscheiden. Aus Sicht der Studierenden würde das bedeuten, dass in einer ländervergleichenden Lehrveranstaltung zu diesem Thema auch über die Unterschiede der politischen Systeme oder auch der politischen Kultur beider Länder gesprochen werden müsste.

Wenn ich mich als Abiturient für politische Kommunikationsforschung interessiere, für welches Studienfach sollte ich mich entscheiden? Für die Kommunikations- oder für die Politikwissenschaft?

Ich persönlich würde in diesem Fall empfehlen, Kommunikationswissenschaft zu studieren. Ein Studium der Kommunikationswissenschaft berücksichtigt sehr viel mehr als ein Studium der Politikwissenschaft die Herstellungsdimension von politischer Kommunikation. Politische Kommunikation findet ja nicht im luftleeren Raum statt, sondern ist das Ergebnis von Interaktionen zwischen Politik, Medien und den Bürgerinnen und Bürgern. Auch der politische Journalismus wird in einem Studium der Kommunikationswissenschaft immer eine sehr viel größere Rolle spielen als in der Politikwissenschaft. Sinnvoll ist aber natürlich ein Doppelstudium beider Fächer, wie wir es in Greifswald anbieten.

Prof. Dr. Patrick Donges ist Professor für Kommunikationswissenschaft an der Ernst-Moritz-Arndt-Universität Greifswald. Er hat an der Universität Hamburg die Fächer Politische Wissenschaft und Journalistik studiert.

Michael Jäckel (Trier) über Soziologie

Herr Prof. Jäckel, die Universität Trier bietet den Bachelor-Studiengang „Medien – Kommunikation – Gesellschaft" sowie die beiden Master-Studiengänge „Medien- und Kultursoziologie" und „Medienwissenschaft" an. Sprechen wir zuerst über den Bachelor-Studiengang: Wie kam der Studiengang zu seinem Namen „Medien – Kommunikation – Gesellschaft"?

Der Name des Bachelor-Studiengangs bringt zum Ausdruck, dass es sich hierbei um ein gemeinsames Studienangebot der Medienwissenschaften und der Soziologie handelt. Dieses Studienangebot zeichnet sich dadurch aus, dass es zum einen eng an bestimmten Medienprodukten ausgerichtet ist wie beispielsweise dem Kino oder dem Online-Journalismus und dass zum anderen vor allem die gesellschaftlichen Wirkungen dieser Angebote im Mittelpunkt der Lehre stehen. Diese Kombination aus Kommunikationswissenschaft, Medienwissenschaft und Soziologie hat ihren ganz eigenen Reiz, wie uns die Studierenden immer wieder versichern.

Wodurch unterscheiden sich die Master-Studiengänge „Medienwissenschaft" und „Medien- und Kultursoziologie" an der Universität Trier?

Der Master-Studiengang „Medienwissenschaft" baut auf dem Bachelor-Studiengang „Medien – Kommunikation – Gesellschaft" auf und vertieft gewisse Studienschwerpunkte. Schwerpunkte in der Lehre sind beispielsweise eine historisch ausgerichtete Medienforschung oder der Wandel des Journalismus. Die Medien- und Kultursoziologie kann innerhalb dieses Master-Studiengangs als Wahlfach studiert werden. Der Master-Studiengang „Medien- und Kultursoziologie" verzahnt gesellschaftliche Entwicklungen mit Medienentwicklungen und analysiert, wie die Medienangebote in den Lebensalltag integriert werden bzw. eine strukturbildende Kraft für diesen Alltag entfalten. Das gilt für die klassischen Medien wie Fernsehen und Zeitung ebenso wie für neue Informations- und Kommunikationstechnologien. Der Studiengang ist in besonderer Weise der Tradition der Kultursoziologie verpflichtet. Die Kultursoziologie, deren akademische Traditionslinie eng mit der Religionssoziologie verbunden ist, nimmt sozusagen den *whole way of life* in den Blick. Die Studierenden lernen neben dem kultursoziologischen Blick auf die Gesellschaft auch andere Blickwinkel wie beispielsweise die medienethnologische Perspektive kennen. Zusammen mit den Studierenden gehen wir der Frage nach, was eine Mediengesellschaft eigentlich ausmacht: Wie kommt es im 21. Jahrhundert zu Medienphänomenen wie der RTL-Show „Das Supertalent"?

Warum muss man angesichts von Facebook & Co. über die Frage der Trennung von Privatheit und Öffentlichkeit neu nachdenken? Diese exemplarischen Forschungsfragen machen deutlich, wie wir uns in Trier aus einer soziologischen Tradition heraus mit Medien beschäftigen.

In seiner klassischen Definition bezeichnet Max Weber die Soziologie als eine Wissenschaft, die „soziales Handeln deutend verstehen und dadurch in seinem Ablauf und seinen Wirkungen ursächlich erklären will". Wie würden Sie ausgehend von dieser Definition die Soziologie von der Psychologie oder der Politikwissenschaft abgrenzen?

Die Definition von Max Weber spricht von sozialem Handeln und meint damit das sinnhaft auf andere Personen bezogene Handeln. Dabei spielt die Frage, welche Orientierungshilfen zur Verfügung stehen, eine wichtige Rolle. Wie kommt es zu dem, was Walter Lippmann, ein amerikanischer Journalist einmal „Karten von dieser Welt" genannt hat? Im Zentrum der Soziologie steht also die Frage, wie bestimmte soziale Phänomene entstehen. Dass dabei Medien in zunehmendem Maße eine Rolle spielen, kann täglich beobachtet werden. Man denke an spontane Organisationsformen wie Flashmob oder die Verbreitung von Gesten oder Moden, die in Medienangeboten einen wichtigen Katalysator bzw. Beschleuniger finden. Solche Effekte, die aus Wechselwirkungen hervorgehen, stehen nicht im Zentrum der Psychologie, die sich vor allem mit Fragen der Persönlichkeitsentwicklung befasst. Aber das sind schon Verkürzungen eines weiten Themenspektrums, das man nicht im Sinne von Abgrenzung wahrnehmen sollte. Psychologen beschäftigen sich intensiv mit Fragen der Urteilsbildung und Entscheidungsfindung, sie analysieren, wie unser Gedächtnis funktioniert. Davon kann man profitieren, beispielsweise bei der Erklärung von Nachahmungskaskaden. Wenn die Politikwissenschaft sich mit Fragen der politischen Kommunikationsforschung auseinander setzt, greift sie vielfach auf Theoriebestände zurück, die soziologischen Ursprungs sind. Die Frage, wie gesellschaftliche Phänomene wie die öffentliche Meinung oder die Verbreitung bestimmter Wirklichkeitsvorstellungen durch Massenmedien zustande kommen, interessieren im Grunde genommen beide Disziplinen.

Ist es fachgeschichtlich richtig, wenn man sagt: Kommunikationswissenschaftler stehen auf den Schultern von Soziologen?

Über diese Frage kann man sicherlich gut streiten. Der von Ihnen zitierte Max Weber war eigentlich Jurist, hat aber in seinem wissenschaftlichen Wirken sehr viel zur Entwicklung der Soziologie in Deutschland (und darüber hinaus) beigetragen. Auf dem Ersten Deutschen Soziologentag im Jahr 1910 hat Weber das Forschungsprogramm einer „Soziologie des Zeitungswesens" skizziert. Dieses Forschungsprogramm sah vor, die Unterschiedlichkeit von Pressekulturen, die Machtverhältnisse rund um die Presse, die Presseorganisationen an sich und die Wirkung der Presse soziologisch zu untersuchen. Die Gründe, warum das Forschungsprogramm dann nicht realisiert wurde, sind vielfältig. Wenn man bedenkt, dass es zu dieser Zeit noch keine Kommunikationswissenschaft an den Universitäten gab, ist das Bild des Kommunikationswissenschaftlers, der auf den Schultern von Max Weber steht, zumindest nicht ganz falsch. Ich würde aber immer sagen, dass die Schultern von Max Weber allein nicht ausreichen. Wer auf die Suche geht, der findet in der Vergangenheit viele Anhaltspunkte. Wolf Lepenies hat diesbezüglich unlängst interessante Ausführungen zu Auguste Comte, der der Soziologie im 19. Jahrundert ihren Namen gegeben hat, vorgelegt. Ferdinand Tönnies und Robert Ezra Park wären weitere Kandidaten. Die Wurzeln des Fachs sind weit verästelt.

Sie denken jetzt sicherlich auch an Robert King Merton und Paul Felix Lazarsfeld, oder? Die Gesichter dieser beiden Forscher zieren ja die Homepage des Master-Studiengangs „Medien- und Kultursoziologie".

Ich gebe gerne zu, dass diese beiden Forscher meine persönlichen Favoriten in diesem Zusammenhang sind. Aber Merton als auch Lazarsfeld haben im 20. Jahrhundert agiert und die rasante Umsetzung der „graphischen Revolution", also der zunehmenden Bedeutung von Bildkommunikation, beobachten können. Die unschätzbare Pionierarbeit der Forscher der Columbia School begann noch im Hörfunkzeitalter, aber für die sozialwissenschaftliche Forschung wurde theoretisch und methodisch dort bereits viel geleistet. Merton hat beispielsweise mittels einer Befragungsstudie in einer Gemeinde einen neuen Weg beschritten, wie man die Meinungsführer in einer Gruppe von Menschen identifiziert. Mit der simplen Frage „Who influenced you?" bestimmte er, wer in dieser Gemeinde zum Personenkreis der Ratgeber zählte. Neu war an dieser Vorgehensweise, dass die Bestimmung der Meinungsführerschaft einer Person nicht mehr über die Selbsteinschätzung einer Person, sondern über die Einschätzung der Qualitäten einer Person durch Dritte erfolgte. Mit diesem methodisch innovativen Vorgehen hat Merton nicht nur die damalige Meinungsführerforschung, sondern auch die moderne Netzwerkforschung maßgeblich beeinflusst.

Können Sie beispielhaft eine soziologische Theorie nennen, die in der Kommunikationswissenschaft eine wichtige Rolle spielt?

Nehmen wir das Beispiel „Wikileaks": Der Internetplattform Wikileaks wird vorgeworfen, durch die Veröffentlichung geheimer Dokumente das Vertrauen in die Politik zu zerstören. Wikileaks hat vertrauliche Emails von US-Diplomaten veröffentlicht, in denen sie sich mehr oder weniger despektierlich über deutsche Politiker ausgelassen haben. Der Journalist Jürgen Kaube hat in einem interessanten Beitrag in der Frankfurter Allgemeinen Sonntagszeitung nachgezeichnet, mit welchen soziologischen Theorien das Medienphänomen Wikileaks im Sinne von Weber deutend verstanden und erklärt werden kann. Die soziologische Rollentheorie macht beispielsweise nachvollziehbar, warum ein Diplomat in seiner öffentlichen Rolle auf der politischen Bühne im Gastland sich niemals despektierlich über einen Politiker des Gastlands äußert. Seine soziale Rolle sieht vor, dass er sich in Namen seines Landes und nicht in seinem eigenen Namen äußert. Natürlich gibt es sofort einen Skandal, wenn nicht an die Öffentlichkeit adressierte Emails von Diplomaten durch Wikileaks doch öffentlich gemacht werden. Ist der Diplomat ein Lügner, wenn er auf der politischen Vorderbühne gute Miene macht und auf der Hinterbühne lästert? Wikileaks hat die Kommunikation der politischen Hinterbühne öffentlich gemacht, ohne die ein politischer Betrieb jedoch nicht funktionieren kann. Der Soziologe Erving Goffman argumentiert, dass im Zusammenleben der Menschen bestimmte Handlungen – wie die persönliche Einschätzung eines Politikers durch einen Diplomaten – unsichtbar bleiben müssen, damit niemand sein Gesicht verliert. Die soziale Rolle des Diplomaten funktioniert in der Politik nur, weil die Verstellung der Person innerhalb der Rolle in der Politik allgemein akzeptiert ist und jeder weiß, dass der Diplomat sich auf der politischen Hinterbühne persönlich anders äußern kann und darf. Vor der Zerstörung der politischen Hinterbühne durch die Medien hat bereits in den 1980er Jahren der Kommunikationswissenschaftler Joshua Meyrowitz, ein Schüler Goffmans, in seinem Buch „No Sense of Place. The Impact of the Electronic Media on Social Behavior" gewarnt. Das Prinzip von Vorder- und Hinterbühne durchzieht die ganze Gesellschaft und ermöglicht, dass wir Menschen gesichtswahrend friedlich zusammenleben.

Sie selbst haben Soziologie studiert. Stellen Sie sich doch bitte einmal einen Abiturienten vor, der sich nicht zwischen einem Bachelor-Studiengang Soziologie und einem Bachelor-Studiengang Kommunikationswissenschaft entscheiden kann, weil er beide Studiengänge interessant findet. Was würden Sie diesem Abiturienten raten?

Sie können heute in jedem Studiengang Spezialisierungen wählen. Sie müssen sich sogar entscheiden. Daher kommt es immer auf das lokale Angebot an. In Trier ist es möglich, den Bachelor-Studiengang „Soziologie" oder den noch breiter angelegten Bachelor-Studiengang „Sozialwissenschaften" zu studieren. In beiden Studiengänge lernen die Studierenden im Vergleich zum Bachelor-Studiengang „Medien – Kommunikation – Gesellschaft" die Soziologie als akademisches Fach sehr viel umfassender kennen. Wer sich für den Bachelor-Studiengang „Medien – Kommunikation – Gesellschaft" entscheidet, schlägt wiederum zwei Fliegen mit einer Klappe, da dieser Studiengang ja sowohl kommunikationswissenschaftliche als auch soziologische Anteile beinhaltet. Was die Abiturienten natürlich nicht wissen können: Alle drei genannten Bachelor-Studiengänge qualifizieren für den Trierer Master-Studiengang „Medien- und Kultursoziologie".

Die Entscheidung für oder gegen einen Ein-Fach-Studiengang wie den Bachelor-Studiengang „Soziologie" oder „Sozialwissenschaften" oder einen eher interdisziplinären Studiengang wie den Bachelor-Studiengang „Medien – Kommunikation – Gesellschaft" sollten die Studieninteressierten von ihren persönlichen Interessen abhängig machen. Aber das ist ja eigentlich selbstverständlich. Wer eine gute Mischung aus Theorie und Empirie favorisiert, sollte sich für einen soziologischen Studiengang entscheiden, wer mehr Wert auf medienpraktische Elemente im Sinne von Teilnahme an Formen der Medienproduktion legt, sollte das medienwissenschaftliche Angebot wählen. Das Schöne an Trier (neben der Stadt und Region, die vieles zu bieten hat) ist, dass sie dort beide Optionen in einem Studienangebot bekommen können. Das macht den Reiz des Bachelor-Studiengangs „Medien – Kommunikation – Gesellschaft" ohne Zweifel aus.

Prof. Dr. Michael Jäckel ist Professor für Soziologie am Fachbereich IV der Universität Trier. Er hat an der Johannes Gutenberg-Universität Mainz die Fächer Soziologie, Geschichte und Politikwissenschaft studiert.

Andreas Hepp (Bremen) über Kulturwissenschaft

Herr Prof. Hepp, Sie bieten an der Universität Bremen einen Bachelor-Studiengang „Kommunikations- und Medienwissenschaft" und einen Master-Studiengang „Medienkultur" an. Was sind die zentralen Inhalts des Bachelor-Studiengangs? Worin unterscheiden sich die fachwissenschaftliche und die berufspraktische Schwerpunktsetzung des Studiengangs?

Mit dem Bachelor-Studiengang „Kommunikations- und Medienwissenschaft" bieten wir unseren Studierenden eine umfassende kommunikations- und medienwissenschaftliche Grundlagen- und Methodenausbildung in Kombination mit einer gestuften medienpraktischen Qualifizierung. Im Studiengang geht es darum, gegenwärtige und historische Aspekte des Medienwandels in den Blick zu nehmen. Diesem Wandel nähern wir uns aus einer medienübergreifenden Forschungsperspektive an. Im dritten Studienjahr kann man zwischen einer fachwissenschaftlichen Schwerpunktsetzung, der Medienanalyse, oder einer berufspraktischen Schwerpunktsetzung, einem Praxissemester mit Option auf eine medienpraktische Abschlussarbeit, wählen.

Der forschungsorientierte Master-Studiengang „Medienkultur" sieht eine vertiefende Ausbildung in kommunikations- und medienwissenschaftlicher Medienkulturforschung vor und umfasst neben Veranstaltungen in diesem Kernbereich u.a. Lehrveranstaltungen zur Kulturtheorie, zu transkulturellen Medien und zur Medieninformatik. Die Inhalte der Master-Lehrveranstaltungen sind eng an die aktuelle Forschung des Lehrpersonals am Zentrum für Medien-, Kommunikations- und Informationsforschung (ZeMKI) der Universität Bremen gekoppelt. Daneben umfasst der Master-Studiengang auch Praxisveranstaltungen sowie ein betreutes Praktikum.

Klaus Schönbach hat in seinem Interview gesagt, dass es im Studium der Kommunikationswissenschaft sowohl um die Erforschung medienvermittelter öffentlicher Kommunikation als auch um medienvermittelte, persönliche Kommunikation geht. Was zeichnet eine kulturwissenschaftliche Erforschung medienvermittelter Kommunikation aus?

Um diese Frage zu beantworten, möchte ich vorausschicken, was eigentlich unter Kulturwissenschaft zu verstehen ist. Folgt man einem weiten Begriffsverständnis, so könnte man sagen, dass Kulturwissenschaft jegliche Form von Wissenschaft ist, die sich mit menschlicher Bedeutungsproduktion beschäftigt. So hat es beispielsweise Max Weber verstanden und auch die Soziologie als Kulturwissenschaft charakterisiert.

Fasst man den Begriff philologisch, geht es bei der Kulturwissenschaft vor allem um die sprach- und literaturwissenschaftliche Analyse menschlicher Bedeutungsproduktion. Die Studiengänge in Bremen stehen in der ersten Begriffstradition. Es geht in ihnen darum zu erfassen, welchen Stellenwert Medien und Kommunikation für unsere heutigen Kulturen haben.

Für kulturwissenschaftlich forschende Kommunikationswissenschaftler ist der Begriff der Medienkultur besonders zentral. Was ist mit diesem Begriff gemeint?

Der Begriff der Medienkultur hebt auf die Tatsache ab, dass wir weite Teile unserer Kultur nur dann richtig verstehen können, wenn wir sie als größtenteils medienvermittelt begreifen. Gesprächsthemen im Alltag sind häufig Medienthemen, viele Wertorientierungen sind medienvermittelt, selbst wie wir unsere Kultur ausdrücken ist medienvermittelt.

Ein sehr prominenter Ansatz der Erforschung von Medienkultur sind die Cultural Studies. Sind die Cultural Studies einfach nur der englische Ausdruck für Kulturwissenschaft?

Ich würde die Cultural Studies als eine Spielart der Kulturanalyse bezeichnen. Die Cultural Studies haben ihre Wurzeln in den späten 1950er Jahren Großbritanniens. Ihre Vertreter stehen für einen interdisziplinären Ansatz der Kulturanalyse und interessieren sich insbesondere für die Verteilung sozialer Macht in der Gesellschaft. Dies wird von den Vertretern der Cultural Studies jedoch nicht einfach nur wissenschaftlich erfasst und beschrieben, sondern immer auch gesellschaftlich kritisiert.

Außerdem zeichnet die Cultural Studies besonders aus, dass ihre Vertreter unter Kultur die gelebte Kultur des Alltags verstehen. Dies erklärt, warum die Erforschung der Populär- und Medienkultur innerhalb der Cultural Studies eine so große Bedeutung zukommt.

Eine persönliche Frage zum Schluss: Was fasziniert Sie an der kulturwissenschaftlichen Forschungsperspektive?

Mich fasziniert bis heute der ganz andere Blickwinkel einer kritischen, kulturanalytischen Zugangsweise auf Medien und Kommunikation. Im Rahmen einer kulturanalytischen Forschungsperspektive geht es immer auch um die weiteren Zusammenhänge, in die Medienkommunikation eingebunden ist. Letztlich versucht dieser Blickwinkel zu erfassen, wie der Wandel von Medien und Kommunikation auf der einen Seite mit dem

Wandel von Kultur und Gesellschaft auf der anderen Seite zusammen hängt. Dies erklärt, warum sich die Mediatisierungsforschung gerade in einem solchen Umfeld in den letzten Jahren so nachhaltig entwickeln konnte. Will man die zivilgesellschaftlich wirklich brennenden Fragen beantworten, geht es nicht darum, welche Wirkung beispielsweise eine Fernsehnachricht oder ein Computerspiel hat. Es geht darum zu verstehen, wie medienvermittelte Kommunikation in unsere Konstruktion von Kultur und Gesellschaft eingebunden ist und welche Veränderungen es hier gibt. In diesem Sinne befasst sich eine kulturanalytische Zugangsweise auf Medien und Kommunikation mit einer der brennendsten Frage, mit der wir gegenwärtig konfrontiert sind.

Prof. Dr. Andreas Hepp ist Professor für Kommunikations- und Medienwissenschaft mit dem Schwerpunkt Medienkultur und Kommunikationstheorie an der Universität Bremen. Er hat an der Universität Trier die Fächer Germanistik, Politikwissenschaft und Medienkommunikation studiert.

Monika Suckfüll (Berlin) über Psychologie

Frau Prof. Suckfüll, die Universität der Künste Berlin bietet das Fach „Gesellschafts- und Wirtschaftskommunikation" als Bachelor- und Master-Studiengang an. Was zeichnet das Studienangebot der Universität der Künste Berlin aus?

Der Gegenstand des Bachelor-Studiengangs ist die medial vermittelte Kommunikation in gesellschaftlichen und wirtschaftlichen Zusammenhängen. Im Studiengang reflektieren wir auf wissenschaftliche Weise die Planung und Umsetzung strategischer Kommunikation. Der Bachelor-Studiengang umfasst insgesamt vier Fachgebiete: die Kommunikations- und Medienforschung, die Kommunikationsplanung, die verbale und die audiovisuelle Kommunikation. Im Fachgebiet Kommunikations- und Medienforschung werden kommunikationswissenschaftliche, psychologische und soziologische Theorien und Methoden integriert. Zusätzlich vermitteln wir mit Blick auf Gesellschaft, Wirtschaft, Kunst und Kultur in sogenannten Kontextbereichen grundständiges Theoriewissen. Einzigartig am Bachelor-Studiengang ist das Kommunikationsprojekt. Die Studierenden bilden hierfür Gruppen, die sich selbst einen Auftraggeber aus Wirtschaft oder Gesellschaft suchen, um für diesen ein Kommunikationskonzept auszuarbeiten. Das Kommunikationsprojekt beginnt mit einem Briefing durch den Auftraggeber. Die Studierenden planen und gestalten dann nach Maßgabe des Briefings das Kommunikationsprojekt und präsentieren es zum Schluss vor dem Auftraggeber im Rahmen einer universitären Projektwoche. Häufig greifen die Auftraggeber die entwickelten Konzepte dann auf und setzen diese zumindest in Teilen um. Den Kern des Master-Studiengangs bilden sogenannte Forschungsmodule, in denen Lehrende aus unterschiedlichen Bereichen mit den Studierenden gemeinsam interdisziplinäre Fragestellungen bearbeiten.

Psychologische Theorien und Begriffe spielen in vielen Teilgebieten der Kommunikationswissenschaft eine wichtige Rolle. Welche Rolle spielt die Psychologie hier genau?

Die Psychologie spielt in der Kommunikationswissenschaft eine große Rolle, weil in der kommunikationswissenschaftlichen Forschung sehr viele Anleihen aus der Psychologie genommen werden. Ich denke da an die Emotionspsychologie, die Persönlichkeitspsychologie oder auch an die Entscheidungspsychologie. Die Überschneidungen von medienpsychologischer Forschung als Teilgebiet der Psychologie und der Rezeptionsforschung als Teilgebiet der Kommunikationswissenschaft sind in meinen Augen jedoch inzwischen so groß, dass man beide Teildisziplinen kaum noch voneinander unterscheiden kann.

Die Schnittstelle zwischen Psychologie und Kommunikationswissenschaft ist die Medienpsychologie. Über diese Schnittstelle sind mehrere Lehrbücher verfasst worden. Worum geht es in medienpsychologischen Lehrbüchern?

Die Medienpsychologie beschäftigt sich mit menschlichem Erleben und Verhalten im Umgang mit Medien. Viele medienpsychologische Lehrbücher sind entlang psychologischer Schlüsselkonzepte wie Motivation, Kognition, Emotion, Einstellung und Verhalten gegliedert. In manchen Lehrbüchern geht es zusätzlich auch um Praxisfelder wie beispielsweise die Mediensozialisation. Für die Erforschung des Medienumgangs von Kindern und Jugendlichen sind dann auch entwicklungspsychologische Theorien von Bedeutung.

Sie haben Psychologie studiert und sind heute Professorin für Kommunikationswissenschaft. Sie gelten als Expertin für die Erforschung von Prozessen, die während der Rezeption von Medien ablaufen. Ihr Spezialgebiet ist die Kinofilmrezeption. Was fasziniert Sie persönlich an der Medienrezeptionsforschung?

Für mich liegt der Reiz darin, dass wir durch Kombination verschiedener Forschungsmethoden heutzutage sehr genau auch unbewusste Wirkungen von Gestaltungsaspekten von Filmen messen können. Um diese Art der Mehrmethodenforschung an der Universität der Künste durchführen zu können, haben wir ein Labor für integrierte Rezeptionsanalysen eingerichtet. Die technische Ausrüstung im Labor erlaubt es uns, die Herzfrequenz und die elektrodermale Aktivität zu messen, um Aussagen über das Erregungsniveau bei der Medienrezeption treffen zu können. Zusätzlich sind wir im Labor in der Lage, die Mimik und die Körperbewegungen der Untersuchungsteilnehmer und -teilnehmerinnen aufzuzeichnen, um anschließend Aussagen über die während der Medienrezeption erlebten Emotionen treffen zu können. Wir haben in unserem Labor auch die Möglichkeit, die Wirkung von 3D-Filmen und von interaktiven Umgebungen zu untersuchen.

In der psychologischen Forschung kommen sehr häufig Experimente zum Einsatz. Können Sie das zuletzt von Ihnen durchgeführte Experiment kurz beschreiben?

In unserem letzten Experiment haben wir Untersuchungsteilnehmern und -teilnehmerinnen im Labor unterschiedliche Werbespots gezeigt. Das Besondere am experimentellen Design ist, dass sich die verschiedenen audiovisuellen Stimuli systematisch voneinander unterscheiden. In unserem Experiment wurde untersucht, wie Personen, die bei der Rezeption von Medienangeboten bestimmte Haltungen einnehmen bzw. bestimmte Strategien verfolgen, auf drei unterschiedliche Versionen eines Spots zum Thema Verkehrssicherheit reagieren. Um eine weitgehend natürliche Rezeptionssituation zu erzeugen, haben wir den jeweils zu testenden Spot in einen gewöhnlichen Werbeblock eingebaut. Die erste Version des getesteten Spots thematisierte die Folgen eines tödlichen Verkehrsunfalls für die Hinterbliebenen, die zweite Version thematisierte das Mitgefühl und die dritte Version zeichnete sich durch den Einsatz von Spezialeffekten aus. Mit Experimenten dieser Art können wir den Praktikern wissenschaftlich gesicherte Ergebnisse an die Hand geben, damit diese besser entscheiden können, mit welcher Version eines Spots bestimmte Zielgruppen am besten angesprochen werden. In unseren Studien zu Filmwirkungen gehen wir allerdings nicht experimentell vor, weil es sehr schwierig ist, Filme systematisch zu variieren.

Prof. Dr. Monika Suckfüll ist Professorin für Kommunikations- und Medienwissenschaften an der Universität der Künste Berlin. Sie hat an der Technischen Universität Berlin das Fach Psychologie studiert.

Wolfgang Seufert (Jena) über Wirtschaftswissenschaften

Herr Prof. Seufert, das Institut für Kommunikationswissenschaft der Friedrich-Schiller-Universität Jena bietet einen Bachelor-Studiengang „Kommunikationswissenschaft" und einen Master-Studiengang „Öffentliche Kommunikation" an. Thüringen verfügt mit der Technischen Universität Ilmenau, der Universität Erfurt und der Universität Jena über drei Hochschulstandorte, an denen Kommunikationswissenschaft studiert werden kann. Welches kommunikationswissenschaftliche Forschungs- und Lehrprofil zeichnet das Jenaer Institut aus?

In Jena bilden wir unsere Studierenden für Berufsbereiche aus, in denen öffentliche Kommunikation analysiert und geplant wird. Hierzu zähle ich die Markt-, Meinungs- und Medienforschung, aber auch die empirisch fundierte strategische Planung in der Organisationskommunikation. Aufgrund dieses Ausbildungsziels stehen die quantitativ-empirischen Methoden im Mittelpunkt unseres Bachelor-Studiums. Vom Studienprofil her ist der Jenaer Studiengang „Kommunikationswissenschaft" am ehesten vergleichbar mit den Bachelor-Studiengängen in Hannover oder Dresden.

Der Master-Studiengang „Öffentliche Kommunikation" ist für Bachelor-Absolventen konzipiert, die sich entweder im Studium der Kommunikationswissenschaft oder in einem Studium der Wirtschaftswissenschaften, der Soziologie, der Politikwissenschaft oder Psychologie sehr intensiv mit den Methoden der Sozialforschung beschäftigt haben. Der Master-Studiengang besteht im Kern aus zwei Forschungsseminaren, die sich über zwei Semester erstrecken. Im ersten Semester werden theoretische und methodische Grundlagen aufgefrischt, im zweiten Semester führen wir mit den Studierenden empirische Forschungsprojekte zur öffentlichen Kommunikation durch. Diese empirischen Forschungsprojekte sind in der Regel eingebettet in die Forschungstätigkeiten der Professoren. Aus diesen Forschungsseminaren heraus sollen die Studierenden idealerweise auch ihre Master-Arbeiten entwickeln.

Die Wirtschaftswissenschaften lassen sich in die Volkswirtschaftslehre und die Betriebswirtschaftslehre unterteilen. Welches dieser beiden Fächer ist in der Kommunikationswissenschaft von größerer Bedeutung – ist Medienökonomie eher Volkswirtschaftslehre oder eher Betriebswirtschaftslehre?

In meinen Augen gibt es drei Verständnisse von Medienökonomie. Im betriebswirtschaftlichen Verständnis meint Medienökonomie das Management von Medienorganisationen und ihrer Produkte. Ein Volkswirt, der sich mit Medienökonomie beschäftigt, wird vornehmlich an Zielsystemen orientiert sein, die auf Effizienz- und Wohlfahrtssteigerung ausgerichtet sind. Das kommunikationswissenschaftliche Verständnis von Medienökonomie basiert im Vergleich zum volkswirtschaftlichen Verständnis auf einem anderen Zielsystem. Kommunikationswissenschaftler, die medienökonomisch forschen, interessieren sich häufig dafür, welchen Beitrag die Medien zum Funktionieren der Gesellschaft leisten und wie dieser Beitrag anhand volkswirtschaftlicher Theorien untersucht werden kann.

Können Sie wirtschaftswissenschaftliche Theorien nennen, denen man während des Studiums der Kommunikationswissenschaft mit großer Wahrscheinlichkeit begegnen wird?

In Jena beispielsweise lernen alle Studierenden die mikroökonomische Konsum- und Produktionstheorie kennen. Mit dieser Theorie lässt sich erklären, wie Entscheidungen unter Ressourcenknappheit gefällt werden. Ressourcenknappheit betrifft beispielsweise die eigene Freizeit, die ja prinzipiell begrenzt ist. Hieraus entsteht eine für die Kommunikationswissenschaft interessante Wahlentscheidung: Nutze ich in meiner begrenzten Freizeit ein Medienangebot oder tue ich lieber etwas anderes? Mit Ressourcenknappheit könnte aber auch gemeint sein, dass ich nur über ein knappes finanzielles Budget verfüge und eine Investitionsentscheidung treffen muss: Zahle ich die Leihgebühr für eine DVD in einer Videothek um die Ecke oder lieber die Nutzungsgebühr einer Online-Videothek?

Angestoßen durch das Lehrbuch von Marie-Luise Kiefer gibt es in der Kommunikationswissenschaft eine institutionenökonomische Debatte. Bei der Institutionenökonomie geht es um die Frage, wie sollte der Staat in Märkte eingreifen, wenn diese nicht funktionieren. Ein Beispiel dafür ist die Regulierungsdebatte über die Frage, was der öffentlich-rechtliche Rundfunk im Internet darf und was nicht. Einer der Vorwürfe in dieser Debatte lautet, dass gebührenfinanzierte Angebote wie tagesschau.de die Vertriebserlöse der Zeitungsverleger im Internet stark schmälern.

Mit welchen medienökonomischen Themen beschäftigen Sie sich derzeit? Welche dieser Themen fließen in Ihre Lehre ein?

Ich beschäftige mich seit längerem in Forschung und Lehre mit der Frage, welchen Einfluss die Knappheit von Zeit darauf hat, welche Medien man nutzt. Es ist ja durchaus plausibel davon auszugehen, dass man an einem Tag, an dem man sehr viel Freizeit zur Verfügung hat, andere Medien nutzt als an Tagen, an denen man weniger Freizeit hat, weil man den ganzen Tag arbeiten muss. Ob ich ins Kino gehe, hängt vielleicht gar nicht so sehr von meiner Tageslaune ab, sondern vielmehr davon, ob ich überhaupt genügend Zeit habe, um ins Kino zu fahren. Eine andere Frage, die mich sehr beschäftigt, lautet: Wie verteilen Werbetreibende ihre Budgets auf verschiedene Mediengattungen?

Gibt es noch andere Studienorte im deutschsprachigen Raum, an denen die Medienökonomie eine ähnlich große Rolle im Bachelor-Studium spielt wie in Jena?

Ja, die gibt es. Ich denke da an Zürich, Salzburg und Dortmund, aber auch an Berlin oder Ilmenau.

Wie lautete das Thema der letzten medienökonomischen Bachelor-Arbeit, die Sie betreut haben?

Die Bachelor-Arbeit, die ich jüngst betreut habe, hatte das Thema: „Die Rolle der Kommission zur Ermittlung des Finanzbedarfs der Rundfunkanstalten (KEF) bei der Festlegung der Rundfunkgebühr. Rechtliche und ökonomische Bewertung". Das ist eine typische Bachelor-Arbeit aus dem Regulierungsbereich, bei der sich die Studierenden eine Regulierungsinstitution auswählen und deren Arbeit genauer untersuchen.

Was meinen Sie, was sind die medienökonomischen Themen, derer sich Kommunikationswissenschaftler in den nächsten Jahren anzunehmen haben?

Ein großer Themenbereich wird die intermediale Konkurrenz sein. Damit meine ich den Einfluss des Internets auf das traditionelle Mediengeschäft. Das reicht von der Frage, ob das Internet die klassischen Geschäftsmodelle der Musik-, Film- oder vielleicht sogar Buchwirtschaft untergräbt bis zu der Frage, wie die Zukunft der lokalen Medien und der lokalen Kommunikation im Social-Network-Zeitalter aussehen wird.

Prof. Dr. Wolfgang Seufert ist Professor für Kommunikationswissenschaft mit dem Schwerpunkt Ökonomie und Organisation an der Friedrich-Schiller-Universität Jena. Er hat an der Freien Universität Berlin Volkswirtschaftslehre studiert.

Rudolf Stöber (Bamberg) über Geschichte

Herr Prof. Stöber, die Otto-Friedrich-Universität Bamberg bietet sowohl einen Bachelor- als auch Master-Studiengang „Kommunikationswissenschaft" an. Auf der Homepage des Bamberger Instituts für Kommunikationswissenschaft heißt es: „Interdisziplinäres Studieren ist in Bamberg selbstverständlich." Was heißt dieser Satz für das Bachelor- und Master-Studium?

Der Bamberger Bachelor-Studiengang „Kommunikationswissenschaft" kann entweder als Zwei-Fach- oder als Drei-Fach-Bachelor studiert werden. Im Kernfach „Kommunikationswissenschaft" erwerben die Studierenden inklusive Bachelor-Arbeit 90 Leistungspunkte. Interdisziplinarität heißt, dass unsere Studierenden die Möglichkeit haben, das Kernfach mit anderen Fächern kombinieren zu können. Typische Kombinationsfächer sind die Politikwissenschaft, die Soziologie, aber auch geisteswissenschaftliche Fächer wie Geschichte, Sprachen oder Kulturwissenschaften. Im Master-Studiengang kann man 30 Leistungspunkte in anderen Fächern erwerben.

Was würden Sie sagen, zeichnet das Bamberger Studienprofil aus?

Ich denke, dass ich für meine Kollegen Prof. Theis-Berglmair und Prof. Behmer spreche, wenn ich für uns in Anspruch nehme, bei der Analyse aktueller Fragen der Kommunikationswissenschaft immer auch die längerfristige historische Forschungsperspektive zu berücksichtigen.

Von Wilhelm von Humboldt stammt die Einsicht „Nur wer die Vergangenheit kennt, hat eine Zukunft". Hat das Studium der Kommunikationswissenschaft nur dann eine Zukunft, wenn die Studierenden mit der Geschichte medienvermittelter Kommunikation vertraut sind?

Bevor ich die Frage beantworte, möchte ich vorausschicken: Ich habe eine etwas andere Auffassung darüber, was Kommunikationswissenschaft ist, als manche meiner Kollegen. Ich bin der Meinung, dass die Kommunikationswissenschaft nicht nur eine sozial-, sondern auch eine geisteswissenschaftliche Disziplin ist. Nach meinem Fachverständnis beschränkt sich Kommunikationswissenschaft zudem nicht nur auf die Untersuchung öffentlicher, medienvermittelter Kommunikation. Kommunikationswissenschaft untersucht Kommunikation vielmehr als gesellschaftliches Phänomen in all seinen Ausprägungen.

Zu Ihrer Frage: So apodiktisch, wie sie lautet, müsste ich sie verneinen. Es gibt durchaus nicht wenige Studiengänge in Deutschland, bei denen die historische Forschungsperspektive in der Lehre nur noch als Spurenelement vorhanden ist, und dennoch ernsthafte Kommunikationswissenschaft gelehrt wird. Allerdings bin ich der Meinung, dass sich die Kommunikationswissenschaft als akademische Disziplin keinen Gefallen tut, wenn sie die historische Perspektive marginalisiert.

Können Sie die typischen Themenbereiche beschreiben, nach denen sich eine Vorlesung „Mediengeschichte" gliedert?

In Bamberg gibt es keine kanonische Mediengeschichtsvorlesung. Wir bieten einerseits Vorlesungen an, die sich mit medialen „Teil-Geschichten" wie Presse-, Rundfunk- oder Filmgeschichte u.a. beschäftigen. In größeren Abständen biete ich eine Vorlesung zur Geschichte der neuen Medien an. In dieser Vorlesung gebe ich einen Überblick über die Pressegeschichte, Filmgeschichte, Rundfunkgeschichte oder zur Geschichte der Öffentlichkeit. Dieser Überblick reicht dann bis in die Gegenwart. Wir sind uns in Bamberg einig darin, dass in medienhistorischen Lehrveranstaltungen keine einfältige Institutionengeschichte gelehrt werden darf. Es kann nicht darum gehen, den Studierenden zu erzählen, wann welche Tageszeitung gegründet worden ist. Wir versuchen, unseren Studierenden u.a. die historischen Veränderungen der Medienökonomie, den Wandel des gesellschaftlichen Mediendiskurses und die Relevanz von Debatten zu Pressefreiheit und Öffentlichkeit zu vermitteln. Auch in Überblicksvorlesungen zum Mediensystem der Bundesrepublik werden die aktuellen Probleme in ihren historischen Kontext eingebettet.

Das Vorwort zur ersten Auflage Ihres Buchs „Deutsche Pressegeschichte" beginnt mit dem Satz „Pressegeschichte, das ist zugleich die Geschichte der Entstehung der Moderne." Was sagt der kontinuierliche Rückgang der Abonnentenzahlen über die Gegenwart aus? Welche Zukunft hat die Presse im Internetzeitalter?

Ich denke, die derzeitige Erscheinungsform der Tageszeitung ist letztlich nicht entscheidend für ihre Zukunft. Ob die Zeitung in Papierform oder als E-Paper erscheint, ist meines Erachtens sekundär. Entscheidend wird hingegen sein, ob die Verleger im Internet eine Leserschaft finden, die genau so zahlungsbereit ist, wie es früher die Abonnenten waren. Wenn es im Internet keine Zahlungsbereitschaft für universale Nachrichtenangebote gibt, lassen sich auch keine rentablen Geschäftsmodelle entwickeln.

Immer mehr junge Menschen – auch Studierende der Kommunikationswissenschaft – lesen keine Tageszeitung mehr. Würden Sie sagen, dass regelmäßige Zeitungslektüre eine notwendige Voraussetzung ist, um Kommunikationswissenschaft zu studieren?

Ja, das ist aus meiner Sicht ohne Zweifel eine notwendige Voraussetzung. Sich für Kommunikationswissenschaft zu interessieren, heißt für mich, das tägliche Bedürfnis zu haben, über das Tages- und Zeitgeschehen informiert zu sein. Wer sich überhaupt nicht für Nachrichten interessiert, ist wahrscheinlich in einem Studium der Kommunikationswissenschaft nicht gut aufgehoben. Viele Studienanfänger tun sich schon deshalb schwer damit, eine simple Rezension zu schreiben, weil sie nicht den Kulturteil einer Tageszeitung lesen.

Wer im Berufsleben später die Öffentlichkeit mit Pressemitteilungen erreichen möchte, muss Bescheid wissen, wie Journalisten bei der Nachrichtenauswahl vorgehen. Das Studium der Kommunikationswissenschaft vermittelt dieses Wissen. Nur was nützt dieses Wissen, wenn man nicht zum Leserkreis von Tageszeitungen gehört und damit auch nicht weiß, worüber das Medium berichtet, in dem später einmal die eigenen Pressemitteilungen erscheinen sollen? Mich schockiert, welches Desinteresse manche Studierenden gegenüber dem Gegenstand der Kommunikationswissenschaft bekunden. Ich kann zum Beispiel nicht nachvollziehen, wieso Studierende der Kommunikationswissenschaft die Medienseiten von FAZ oder SZ nicht lesen und sich damit den tagtäglich dokumentierten medienkritischen Diskurs entgehen lassen.

Es gibt einerseits große Anstrengungen in der Geschichtswissenschaft, Quellen zu digitalisieren und damit vor physikalischem Zerfall zu schützen. Freut sich der Medienhistoriker angesichts der Tatsache, dass das Netz nichts vergisst?

Der größte Feind der historischen Überlieferung war qua Amt bisher der Archivar, da er Quellen auf ihre Verwendbarkeit für die künftige historische Forschung sichten und dementsprechend selektieren muss. Die Digitalisierung von Informationen wird sicherlich dazu beitragen, dass künftige Historikergenerationen mehr Quellenmaterial zur Verfügung haben werden, als das noch heute der Fall ist. Allerdings werden sie sehr viel größere Probleme haben, die Verlässlichkeit dieser Quellen zu beurteilen. In den Akten eines Archivs kann der Historiker mit den Methoden der Geschichtswissenschaft sehr gut nachvollziehen, ob es sich bei einer Papierquelle um das Original handelt, ob dieses Original nur ein Entwurf oder die Endfassung ist, und ob jemand die Quellen bearbeitet hat.

Quellenkritik und Quelleninterpretation sind das Handwerkszeug des Historikers. Warum ist es lohnenswert, sich diese Kompetenzen in einem kommunikationswissenschaftlichen Studium anzueignen?

Quellenkritische Kompetenzen helfen dabei, die eigene Kritikfähigkeit zu schärfen. Für Studierende ist es wichtig, nicht jede Information für bare Münze zu nehmen. Studierende zitieren in Seminararbeiten gerne Zahlenmaterial, das sie im Rahmen ihrer Recherchen gefunden haben. Allein die Tatsache, dass dieses Zahlenmaterial irgendwo veröffentlicht worden ist, sagt jedoch für sich genommen nichts über seinen Erkenntniswert aus. Quellenkritik heißt, sich folgende Grundsatzfragen zu stellen: Welche Art von Quelle liegt vor? Wie ist sie entstanden? Wie verlässlich sind die gegebenen Informationen? Sind sie plausibel und korrekt, oder gibt es quellenintern Widersprüchlichkeiten? Bevor Studienanfänger allerdings damit beginnen können, das Handwerk der Kritik und Interpretation nach und nach zu erlernen, müssen sie die Techniken der Recherche beherrschen. Ich würde jedem Studienanfänger daher raten, so früh wie möglich an einer Führung der Universitätsbibliothek teilzunehmen und Einführungsveranstaltungen zur Literaturrecherche zu besuchen. Beides frühzeitig zu tun, ist die denkbar beste Vorbereitung für den Besuch der Lehrveranstaltung „Einführung in die Technik des wissenschaftlichen Arbeitens", die jeder Studienanfänger der Kommunikationswissenschaft besuchen muss.

Prof. Dr. Rudolf Stöber ist Professor für Kommunikationswissenschaft an der Otto-Friedrich-Universität Bamberg. Er hat Geschichte und Publizistik an der Georg-August-Universität Göttingen studiert.

2 Die Zeit vor dem Studium

Ralf Hohlfeld (Passau) über die Voraussetzungen zum Studium

Herr Prof. Hohlfeld, die Universität Passau bietet das Fach „Medien und Kommunikation" als Bachelor- und als Master-Studiengang an. Der Passauer Bachelor-Studiengang zeichnet sich durch spezielle medienphilologische und medienpädagogische Modulstrukturen aus. Was heißt das für das Bachelor-Studium?

Das Bachelor-Studium in Passau ruht auf drei Säulen: einer kommunikationswissenschaftlichen, einer medienphilologischen und einer medienpädagogischen Säule. Die kommunikationswissenschaftliche Säule unterscheidet sich überhaupt nicht von anderen Bachelor-Studiengängen der Kommunikationswissenschaft mit sozialwissenschaftlicher Orientierung. Die frei wählbaren Module aus der medienphilologischen und der medienpädagogischen Säule ermöglichen, die Kommunikationswissenschaft in einer besonderen akademischen Breite kennenzulernen. Die Studierenden in Passau lernen beispielsweise in den medienphilologischen Lehrveranstaltungen einen weiter gefassten Medienbegriff kennen als anderswo. Der Passauer Studiengang zeichnet sich zudem durch seine starken berufspraktischen Bezüge aus. Wir bieten spezielle Lehrveranstaltungen wie „Crossmediales Publizieren" oder „Journalistisches Arbeiten" an, die es den Studierenden ermöglichen sollen, gut vorbereitet im Berufsalltag anzukommen. Weiterhin helfen wir unseren Studierenden bei der Beantwortung der Frage, welche Module für sie persönlich besonders geeignet sind, wenn sie bereits konkrete Vorstellungen darüber haben, in welchem Berufsfeld sie nach dem Studium arbeiten wollen. Wir bieten den Studierenden in unserer renovierten, aktuellen Fassung des Bachelors Musterlösungen für individuelle Bildungskarrieren, mit denen sie konkrete Berufsfelder wie Journalismus, PR, Unternehmenskommunikation oder Medienpädagogik zielführend ansteuern können. Diese Dramaturgiehilfe wird auf der Homepage des Studiengangs visualisiert und in der individuellen Fachstudienberatung inhaltlich vertieft.

Der vage Anspruch „etwas mit Medien" studieren zu wollen, bewegt viele Abiturienten, sich für ein Studium der Kommunikationswissenschaft zu bewerben. Abgesehen von der allgemeinen Hochschulreife: Was sind die nötigen Voraussetzungen für ein erfolgreiches Studium der Kommunikationswissenschaft?

Ich denke, die wichtigste Voraussetzung ist ein fortwährendes Interesse an der Gesellschaft. Wenn ich nicht neugierig bin, wie Öffentlichkeit zustande kommt und welchen Einfluss öffentliche Kommunikation auf die Menschen hat, sollte ich von dem Vorhaben, Kommunikationswissenschaft studieren zu wollen, besser Abstand nehmen. Wer nur den vagen Anspruch hat, „etwas mit Medien" studieren zu wollen, wird im Studium schnell hart auf dem Boden der Tatsachen ankommen. Warum? Klaus Schönbach hat es treffend formuliert: Die Kommunikationswissenschaft ist eine Integrationswissenschaft. Wie jede Integrationswissenschaft ist die Kommunikationswissenschaft multidisziplinär. Folglich müssen wir bei unseren Studierenden eine sehr breite Allgemeinbildung voraussetzen. Wer sich nicht gleichermaßen für Politik, Wirtschaft, Geschichte, Kultur und die Rolle der Massenmedien in diesen gesellschaftlichen Teilbereichen interessiert, wird rasch enttäuscht sein. Wer dieses breite Interesse an der Gesellschaft hingegen hat, wird sich in der Kommunikationswissenschaft wie der Fisch im Wasser fühlen. Sehr breite Interessen an der Gesellschaft zu haben, ist zwar eine besonders wichtige Voraussetzung, reicht aber noch lange nicht aus. Um die aktuellen Themen öffentlicher Kommunikation nicht nur zu kennen, sondern auch zu verstehen, ist es mit der flüchtigen Lektüre der Schlagzeilen bei Spiegel-Online nicht getan. Ich stimme Rudolf Stöber voll und ganz zu, wenn er sagt, dass die tägliche Lektüre mindestens einer Tageszeitung für jeden Studierenden der Kommunikationswissenschaft eine Selbstverständlichkeit sein sollte. Ich erwarte von unseren Studierenden, dass sie von den wichtigen gesellschaftlichen Diskursen nicht nur gehört zu haben, sondern dass sie mit den Argumenten dieser Diskurse, die ja immer massenmedial vermittelt sind, grundsätzlich vertraut sind. Eine andere, ebenso wichtige, Voraussetzung ist die Fähigkeit zum logisch-mathematischen Denken. Das merken die Studierenden spätestens, wenn sie sich mit der Logik empirischer Sozialforschung vertraut machen müssen. Ich kann aber Jedem versprechen, dass wir in einer Statistikvorlesung des Bachelor-Studiums kaum mehr verlangen als die vier Grundrechenarten sowie Potenz- und Wurzelrechnung. Besonders am Herzen liegt mir, auf die Freude am Lesen als Voraussetzung zum Studium hinzuweisen. Wer sich bereits in der Schule schwer getan hat, längere Texte – gerne auch mal in englischer Sprache – zu lesen, sollte seinen vagen Wunsch „etwas mit Medien" studieren zu wollen, lieber aufgeben. Eine wichtige formale Voraussetzung ist außerdem ein sehr gutes Abitur. Der Numerus Clausus ist in der Kommunikationswissenschaft extrem hoch.

Veronika Karnowski ist Studiengangskoordinatorin am Institut für Kommunikationswissenschaft und Medienforschung der Ludwig-Maximilians-Universität München

Echtes Interesse und Neugierde – diese beiden Punkte sind in meinen Augen das allerwichtigste für einen Studienanfänger in Kommunikationswissenschaft. Studieninteressierte sollten wirklich interessiert sein an gesellschaftlichen Prozessen und den Mechanismen der (Massen)Medien. Und sie sollten neugierig darauf sein, mehr darüber zu erfahren. Hier kann ich Ralf Hohlfeld nur zustimmen! Ohne dieses breite Interesse an gesellschaftlichen Zusammenhängen wird man schnell vom Studiengang enttäuscht sein. Um einschätzen zu können, ob man den Gegenstand der Kommunikationswissenschaft wirklich spannend findet, ist es unabdingbar, sich vorab umfassend zu informieren. Alle Institute haben online viele Informationen über den Studiengang verfügbar. Diese Informationen sollte man sich sorgfältig vor der Studienbewerbung anschauen – auch die Prüfungs- und Studienordnungen! Das ist natürlich trockene Kost, aber die Ordnungen bilden den Rahmen des Studiums. Eine andere Informationsquelle sind die kommentierten Vorlesungsverzeichnisse der letzten Semester. Als Studienanfänger muss (und kann) man den zukünftigen Karriereweg noch nicht vollständig vor seinem geistigen Auge sehen. Diese Unsicherheit sollte man nicht nur aushalten, sondern auch genießen können. Im Laufe des BA-Studiums wird einem nach und nach klarer werden, in welches Berufsfeld das eigene Studium führen soll und welche Schwerpunkte dann gegen Ende des BA-Studiums oder im MA-Studium gesetzt werden sollten. Ein Hochschulstudium verlangt generell ein hohes Maß an Selbstorganisation. Studierende müssen in der Lage sein, selbst zu entscheiden, wann sie lernen sollten und wann sie sich Freizeit gönnen können. Außerdem sollte man einschätzen können, wie belastbar man ist und wieviel Arbeit man in welcher Zeit erledigen kann. Und ganz wichtig: Ein Studium ist eine Vollzeitbeschäftigung! Hauptsächlich zu jobben und nebenbei ein wenig zu studieren, wird nur selten funktionieren. Klar, die meisten Studierenden müssen nebenbei für ihren Lebensunterhalt arbeiten – das Studium sollte aber die Nummer 1 bleiben!

Persönliche Voraussetzungen 39

Gehört zu den Voraussetzungen das Bewusstsein, sich mit der Kommunikationswissenschaft für ein Studium zu entscheiden, an dessen Ende ein offenes Berufsfeld steht?

Ja, ich denke, es ist wichtig, dieses Bewusstsein zu haben. Wer Medizin oder Jura studiert, wird seinen Eltern nie erklären müssen, wozu das Studium qualifiziert. Hier können die Financiers nach dem Ende des Studiums einen fertigen Arzt oder Anwalt erwarten. Ein Studium der Kommunikationswissenschaft hingegen qualifiziert auf eine intellektuell anregende Weise für sehr viele verschiedene Berufsfelder, wie die hier versammelten Interviews über die Berufsfelder von Kommunikationswissenschaftlern deutlich machen.

Ist es angesichts des offenen Berufsfelds egal, wo man Kommunikationswissenschaft studiert?

Nein, das ist es ganz und gar nicht. Studienbewerber tun gut daran, sich frühzeitig darüber zu informieren, mit welchen Schwerpunkten die Kommunikationswissenschaft am jeweiligen Studienstandort gelehrt wird. Wer als Abiturient eine besondere Freude an naturwissenschaftlichem Denken hat und gerne Kommunikationswissenschaft studieren möchte, sollte in Erwägung ziehen, sich beispielsweise an Standorten wie München, Erfurt, Mainz, Hannover oder Hohenheim zu bewerben, denn an diesen Standorten hat empirisch-quantitative Forschung einen sehr großen Stellenwert. Wer geisteswissenschaftlichen Denkschulen zugeneigt ist, dem würde ich raten, sich beispielsweise genauer über die Studiengänge in Tübingen oder Bremen zu informieren, in denen kultur- und sprachwissenschaftliche Perspektiven das Studium besonders prägen. Wer Stärken im abstrakten Denken hat, ist sicher mit dem theoriestarken Standort Münster gut bedient. Und wer eher berufspraktisch veranlagt ist und sich eine akademische Ausbildung mit klar umrissenen Berufsprofilen wünscht, der sollte eine Bewerbung für einen Journalistik-Studiengang in Erwägung ziehen, wie er beispielsweise in Dortmund oder Eichstätt angeboten wird. Natürlich kann es einem immer – egal wie man sich anfangs entschieden hat – während des Studiums so gehen wie Klaus Schönbach, der zu Beginn seines Studiums erst Fernsehjournalist werden wollte und während des Studiums gemerkt hat, dass er viel lieber Kommunikationswissenschaftler werden möchte. Ich wollte auch erst Journalist werden und habe Zeit meines Studiums als freier Journalist gearbeitet. Heute ist es wahrscheinlich so, dass man zu Beginn seines Studiums nicht mehr wie Klaus Schönbach oder ich

Journalist werden will, sondern eine Karriere in der Öffentlichkeitsarbeit bzw. der strategischen Kommunikation anstrebt. Die Wahl des Studiengangs ist in meinen Augen sogar noch etwas komplizierter als es auf den ersten Blick für die Abiturienten aussieht. Es geht nicht allein darum, in einer möglichst attraktiven Stadt einen interessanten Studiengang zu studieren, der einem gute Chancen bietet, später den Beruf auszuüben, den man anstrebt. Bei aller bildungspolitisch gewünschten Durchlässigkeit ist die Zulassungspolitik letztlich so, dass die Entscheidung für ein Bachelor-Studium am Standort A oder B die Wahlmöglichkeiten für ein etwaiges Master-Studium am Standort C oder D einschränkt. Das hat etwas mit den Zulassungsvoraussetzungen der Master-Studiengänge zu tun. Diese Zulassungsvoraussetzungen sehen häufig den Besuch spezifischer Module im Bachelor-Studium vor. Werden diese spezifischen Module im eigenen Bachelor-Studiengang nicht angeboten, ist es für Bachelor-Absolventen recht schwer, für den gewünschten Master-Studiengang zugelassen zu werden, weil sie diese Module nicht besucht haben. Manche Universitäten lassen Master-Studenten nur vorläufig zu unter der Bedingung, dass man den Besuch dieser spezifischen Module im Master-Studiengang nachholt. Diese Zulassungspraxis hat in meinen Augen aber für die Studierenden den Nachteil, nicht auf Augenhöhe mit den anderen Studierenden zu sein, die diese Voraussetzungen erfüllt haben. Ich bin überzeugt, dass die Fachstudienberater vor Ort in diesem Zusammenhang eine ganz besondere Verantwortung für die Abiturienten tragen. Die Fachstudienberater können die möglichen Folgen einer Entscheidung für oder gegen einen Bachelor-Studiengang sehr viel besser einschätzen als die Abiturienten. Genau aus diesem Grund lohnt sich immer das Gespräch mit einem Fachstudienberater.

Reicht das Gespräch mit einem Studienberater aus, um als Abiturient eine gut informierte Entscheidung zu fällen, wo man Kommunikationswissenschaft studieren sollte?

Ich kann jedem Abiturienten nur raten, sich auf den Homepages der Institute die Studien- und Prüfungsordnung sowie die Modulhandbücher in Ruhe durchzulesen. Ergänzend empfehle ich dringend, Studieninformationstage aufzusuchen und sich vor Ort zu informieren. Eine sehr gute Informationsquelle sind immer auch die Fachschaften der Studierenden. Die Fachschaften sind organisierte studentische Interessenvertretungen in den Universitäten. Die Fachschaftsvertreter, die auch Kommunikationswissenschaft studieren, geben ihre Erfahrungen gerne an Studieninteressierte weiter. Ich empfehle jedem Abiturienten, vor Ort oder am Telefon die Fachschaftsvertreter zu fragen, ob die Bewertung des Studiengangs im CHE-Ranking mit ihren Erfahrungen vor Ort übereinstimmt. Sich im Vorfeld der eigenen Bewerbung über mögliche Studiengänge und -orte zu informieren, kann zugegebenermaßen sehr aufwändig werden, zahlt sich aber auf jeden Fall aus!

Von Theodor W. Adorno stammt der Satz: Bildung ist Wartenkönnen. Ist Wartenkönnen auch eine Voraussetzung, die man für das Studium der Kommunikationswissenschaft braucht?

In den streng geplanten und organisierten sechssemestrigen Bachelor-Studiengängen ist das Wartenkönnen leider etwas aus der Mode gekommen. Wissen kann man schnell erwerben, Kompetenzen lassen sich ebenfalls in einem überschaubaren Zeitrahmen aufbauen. Bildung jedoch braucht Zeit, da hat Adorno vollkommen Recht. Wenn man Bildung als vernetzte und reflektierte Wissensbestände versteht, dann kann es im Studium schon auch einmal bis zum dritten oder vierten Semester dauern, bis die vielen Wissensbestände vernetzt sind, es plötzlich Klick macht und man dann in der Lage ist, größere Zusammenhänge zu erkennen. Aber dann bleiben ja meistens nur noch zwei Semester, um sich mit den theoretischen Argumenten und dem empirisch gesicherten Wissen vertiefend auseinanderzusetzen. Bildung heißt für mich, sich der eigenen Fähigkeit zur Selbstreflexion bewusst zu sein. Einfach nur einen wissenschaftlichen Text zu lesen und dann dessen Inhalt wiedergeben zu können, ist ja gerade nicht das, was ein Studium ausmacht (auch wenn manche unserer Klausuren leider genau diesen Eindruck erwecken). Studieren heißt nicht nur, sich Wissensbestände anzueignen, sondern sich eigenständig mit diesen Wissensbeständen auseinanderzusetzen. Genau das meinen wir, wenn wir von unseren Studierenden fordern, dass sie die Inhalte der Lehrveranstaltungen vor- und nachbereiten sollen. Viele Studienanfänger gehen davon aus, dass sich Schule und Studium kaum unterscheiden. Aber genau das Gegenteil ist der Fall. Worum geht es in einer Vorlesung wirklich? Professoren stellen Vermutungen und Wissensbestände vor. Das kennt man aus der Schule. Außerdem beschreiben Professoren, wie andere Wissenschaftler oder sie selbst die vorgestellten Vermutungen und Wissensbestände bewerten und einordnen. In einer guten Vorlesung bleibt auch immer genügend Zeit, um mit den Studierenden über diese Bewertungen und Einordnungen zu diskutieren. Das eigentliche Studieren, die eigene Reflexion dessen, was gerade gelernt wurde und Bildung eines eigenen Urteils, das findet auch zu Hause, in der Bibliothek oder im Gespräch mit Kommilitonen statt. Erfolgreiche Studenten bringen diese Reflexionen später dann zu gegebener Zeit auch in inhaltlich ganz anders ausgerichteten Lehrveranstaltungen oder Forschungsprojekten ein und bereichern diese. So gesehen ist Bildung Wartenkönnen, und zwar für Professoren und Studierende gleichermaßen. Wir Professoren sollten unseren Studierenden trotz der bildungspolitisch vorgegebenen Modularisierung die notwendige Zeit zugestehen, die man braucht, um sich zu bilden. Und die Studierenden sollten sich von dem Gedanken verabschieden, dass pure Anwesenheit in Lehrveranstaltungen das ist, worum es beim Studieren geht. Zu studieren heißt vor allem, sich ein eigenes fachliches Urteil zu bilden.

Prof. Dr. Ralf Hohlfeld ist Professor für Kommunikationswissenschaft an der Universität Passau. Er hat Publizistik- und Kommunikationswissenschaft, Germanistik und Politikwissenschaft an der Westfälischen Wilhelms-Universität Münster studiert.

Holger Schramm (Würzburg) über den Unterschied zwischen Schule und Studium

Herr Prof. Schramm, auf der Homepage des Instituts Mensch-Computer-Medien der Julius-Maximilians-Universität Würzburg bezeichnen Sie den Bachelor-Studiengang „Medienkommunikation" als interdisziplinär. Was macht die Interdisziplinarität des Studiengangs aus?

Wer heutzutage in der Medien- und Kommunikationsbranche in verantwortungsvoller Position erfolgreich arbeiten möchte, benötigt Wissen und Kompetenzen aus ganz unterschiedlichen Bereichen. Unser Anliegen ist es daher, den Studierenden sowohl gesellschaftliche, psychologische, wirtschaftliche, historische, rechtliche, pädagogische, aber auch technische Grundlagen der Medienkommunikation zu vermitteln. Die Vielfalt dieser Perspektiven erlaubt eine integrative Ausbildung der Studierenden für Schlüsselpositionen in zukunftsorientierten medien- und kommunikationsbezogenen Berufsfeldern. Auch unser Institutsname lässt den interdisziplinären Charakter des Studiengangs klar erkennen: Bei uns steht zunächst der Mensch, seine Bedürfnisse an die Medien und sein Umgang mit den Medien im Mittelpunkt. Gleichzeitig verstehen wir unter „Medien" nicht nur die klassischen Massenmedien, sondern auch die Medienplattformen und -angebote, die sich in den letzten 10-15 Jahren zunehmend entwickelt und differenziert haben: Onlinemedien sowie interaktive und mobile Medien, also beispielsweise auch Computerspiele, Social Networks, Smart Phones oder virtuelle Medienumgebungen. Die vier hier in Würzburg an der Ausbildung beteiligten Kernprofessuren repräsentieren insgesamt ein breites sozial-, medien- und kommunikationswissenschaftliches sowie medientechnisches Spektrum. Sie decken u. a. die Studieninhalte Medien- und Kommunikationswissenschaft, Medienproduktion/Medienanalyse, Medienpsychologie, Medienpraxis, Wirtschaft, Marketing und Werbung, Lernen mit Medien/Mediendidaktik, Neue Medien, Medieninformatik und Methoden der Medienforschung ab. Der Studiengang arbeitet außerdem eng mit den Studiengängen Psychologie, Informatik sowie Wirtschaftswissenschaft zusammen, was den interdisziplinären Austausch zusätzlich stärkt. Dieser innovative Studiengang wurde 2010 ins Leben gerufen – an einer der ältesten und traditionsreichsten Universitäten Deutschlands. Würzburg ist mit circa 25.000 Studierenden eine klassische Universitätsstadt und bietet viele kulturelle und kulinarische Besonderheiten wie beispielsweise Wein.

Der Übergang von der Schule in die Universität oder aber auch vom Beruf in die Universität ist für alle jungen Menschen eine große persönliche Herausforderung. Was unterscheidet in Ihren Augen die Schule von einer Universität?

Ein Studium soll zu eigenständigem systematischen und wissenschaftlichen Denken und Arbeiten qualifizieren, bietet jedoch keine konkrete Berufsausbildung im Sinne eines Lehrberufes. In einem Studium lernen die jungen Menschen, komplexen Sachverhalten und Problemen nicht mit einfachen Antworten zu begegnen, sondern sich dieser Komplexität zu stellen, Probleme zu hinterfragen und einfachen Antworten kritisch zu begegnen, da sie häufig zu kurz greifen. In einem Studium ist daher das richtige Fragen bzw. das Ableiten von Forschungsfragen häufig wesentlich wertvoller als das vermeintlich richtige Antworten. Das reine Lernen von Fakten, Formeln und vorgegebenen Lösungswegen tritt im Vergleich zur Schule stärker in den Hintergrund. Individuelle und eigenverantwortliche Lösungswege, die auf Wissen und methodischem Know-How aus unterschiedlichen Teilfächern aufbauen, werden dagegen stärker gefordert und gefördert. Dies geht jedoch auch mit einer stärkeren Eigenständigkeit und -verantwortlichkeit beim Lernen einher: Studierende müssen sich einen Großteil des Lernstoffs durch das Vor- und Nachbereiten von Vorlesungen und Seminaren selbst erarbeiten. Dabei können sie eigene Schwerpunkte setzen und persönliche Interessengebiete vertiefen. Ausgangspunkt dafür ist in der Regel nicht ein einzelnes Lehrbuch wie häufig in der Schule, sondern eine mehrseitige Liste mit relevanter Fachliteratur. Dies sind Herausforderungen wie auch Freiheiten, mit denen die Studierenden erst einmal umzugehen lernen müssen.

Ich kenne Kolleginnen und Kollegen, die sich mit Blick auf die Studierenden manchmal darüber beschweren, dass „man schließlich an einer Uni sei und nicht mehr an der Schule". Was könnten die Kolleginnen und Kollegen damit meinen?

Insbesondere zu Beginn des Studiums haben viele Studierende noch die Vorstellung, dass es an der Universität ähnlich wie an der Schule zugehen müsste – nur halt nur auf höherem Niveau. Sie erwarten von den Dozierenden eine Art „Rundum-Sorglos-Betreuung" inklusive des Bereitstellens aller Lehrmaterialien und einer Wiederholung des Lehrstoffs, bis möglichst alle auch wirklich alles verstanden haben. Auch wenn diesen Erwartungen aufgrund der zunehmenden „Verschulung" im Zuge der Umstellung auf Bachelor- und Master-Studiengänge sogar in Teilen Rechnung getragen wird, sind die Unterschiede zwischen Universität und Schule nach wie vor deutlich zu spüren. Die Dichte und Schnelligkeit, mit der Wissen vermittelt

Unterschied zwischen Schule und Studium 45

wird, ist wesentlich höher und wird vom Dozierenden in der Regel an den Fähigkeiten eines durchschnittlichen bis überdurchschnittlichen Studenten ausgerichtet. Damit nimmt man aber automatisch in Kauf, dass das Lerntempo für einige Studierende auch zu hoch ist. Mit anderen Worten: In der Schule wird eher darauf geachtet, dass alle mitkommen, in der Universität wird eher darauf geachtet, die begabten und für das betreffende Fach geeigneten Studierenden nicht zu unterfordern.

Was unterscheidet Sie Ihrer Meinung nach als Professor eigentlich von einem Lehrer?

Als Hochschullehrer bin ich selbstverständlich auch ein Lehrer. Ich versuche, meine Lehrveranstaltungen didaktisch so aufzubereiten, dass die Studierenden möglichst viel mitnehmen und lernen. Jedoch bin ich in meiner Lehre frei, d.h. ich muss keinem vorgegebenen Lehrplan folgen. Ein Professor ist zudem auch immer ein Wissenschaftler, der Forschungsprojekte durchführt, neues Wissen oder neue Methoden generiert und somit zur Weiterentwicklung eines Faches beiträgt. Dieses neue und eigene Wissen in die Lehre einzubauen und zusammen mit den Studierenden in Forschungsprojekten umzusetzen, ist ein spannender Aspekt.

Was würden Sie sagen, fällt Studienanfängern beim Übergang in die Universität im ersten oder zweiten Semester besonders schwer?

Viele Studierende brauchen ein halbes, manche gar ein ganzes Jahr, um sich auf die Unterschiede zwischen Schule und Universität einzustellen. Dazu kommt für viele die Umstellung auf eine neue soziale Umgebung, eine erste eigene Wohnung und auf einen komplett neuen Lebensabschnitt, in dem man – in der Regel – nicht mehr zuhause bei den Eltern wohnt. Bei so vielem Neuen fühlen sich einige Studierende schnell überfordert und unwohl. Dass Unwohlsein wird dann häufig vorschnell damit erklärt, dass man wohl doch das „falsche Studium" ergriffen habe. Dies kann jedoch ein trügerischer Schluss sein. Ich rate Studierenden daher, dem Studium eine echte Chance zu geben.

Prof. Dr. Holger Schramm ist Professor für Medien- und Wirtschaftskommunikation an der Universität Würzburg. Er hat in Hannover und Austin (USA) das Fach Medienmanagement studiert.

Jens Wolling (Ilmenau) über eine Ausbildung vor dem Studium

Herr Prof. Wolling, die Technische Universität Ilmenau wirbt für den Bachelor-Studiengang „Angewandte Medienwissenschaft" mit dem „Ilmenauer Modell". Was zeichnet dieses Modell aus?

An der Technischen Universität Ilmenau gibt es drei Studiengänge, die etwas mit Medien zu tun haben: „Angewandte Medien- und Kommunikationswissenschaft", „Medientechologie" und „Medienwirtschaft". Diese drei Studiengänge bilden die Säulen des „Ilmenauer Modells". Im Studiengang „Angewandte Medien- und Kommunikationswissenschaft" besucht man neben kommunikationswissenschaftlichen Lehrveranstaltungen auch wirtschafts- und technikwissenschaftliche Lehrveranstaltungen. Der Ilmenauer Bachelor-Studiengang unterscheidet sich von anderen kommunikationswissenschaftlichen Studiengängen in Deutschland dadurch, dass die Studierenden mit Ausnahme der genannten medienwirtschaftlichen und medientechnologischen Lehrveranstaltungen keine weiteren Nebenfächer belegen. Unsere Studierenden konzentrieren sich voll und ganz auf die Kommunikationswissenschaft. Der Anwendungsbezug wird zum einen dadurch deutlich, dass hohe Praxisanteile in das Studium integriert sind wie zum Beispiel ein ganzes Praxissemester, mehrere Anwendungsbereiche und ein umfangreiches Medienprojekte; zum anderen aber auch durch die intensive Einbeziehung der Studierenden in die Forschungsprojekte am Institut.

Welche Rolle spielt das „Ilmenauer Modell" im bilingualen Master-Studiengang „Media and Communication Science"?

In unserem forschungsorientierten Master-Studiengang können die Studierenden auch medienwirtschaftliche und medientechnologische Lehrveranstaltungen besuchen, aber die kommunikationswissenschaftlichen Anteile dominieren ganz klar die Ausrichtung. Wir wollen Analyse- und Problemlösungsfähigkeiten vermitteln, um die Studierenden auf Führungspositionen in einem internationalen Umfeld vorzubereiten. Der Master-Studiengang ist mit Blick auf das Ausbildungsziel ursprünglich bilingual geplant gewesen; de facto lehren wir inzwischen nur noch in englischer Sprache.

Daniel Schlieper studiert im Bachelor-Studiengang „Sozialwissenschaften" an der Heinrich-Heine-Universität Düsseldorf

Der Entschluss, ein festes Arbeitsverhältnis aufzugeben, um sich einem Vollzeitstudium aufzunehmen, ist ohne Frage folgenreich. Es liegt in der Natur der Sache, dass die Ungewissheit der Zukunft, der man sich mit einer solchen Entscheidung aussetzt, eine gewisse Risikobereitschaft erforderlich macht. Die vielen Fragen, die einem hierbei im Kopf herumgeistern, können leider oftmals nicht im Voraus beantwortet werden: Wird man sich wieder an das Lernen gewöhnen können? Wie wird sich der Altersunterschied auswirken? Wie finanziere ich das Studium? Wie beurteilen potentielle Arbeitgeber die entstehenden Brüche in meinem Lebenslauf? Nach Abitur und Zivildienst entschloss ich mich aus einem gewissen Sicherheitsdenken heraus, trotz der bereits damals bestehenden Gedanken an ein Hochschulstudium, zunächst für eine Ausbildung. Im Anschluss an diese Ausbildung wurde mir ein unbefristeter Arbeitsvertrag angeboten, welcher den wieder aufkeimenden Studienwunsch zunächst verblassen ließ. Nachdem mein Studienwunsch in den folgenden eineinhalb Jahren der Berufstätigkeit jedoch in mir immer wieder aufkeimte, wurde mir bewusst, dass ich eine eindeutige und endgültige Entscheidung für oder gegen ein Hochschulstudium treffen musste. Das Bewusstsein für die Folgenschwere der anstehenden Entscheidung führte bei mir zu einem langen Abwägungsprozess. Das Gefühl, sich hierbei ständig nur im Kreis zu drehen, ohne wirklich voran zu kommen, gipfelte in einer gewissen Unzufriedenheit mit meiner beruflichen Situation, so dass ich schlussendlich meinen Arbeitsvertrag kündigte, um an der Heinrich-Heine-Universität Düsseldorf den Bachelorstudiengang „Sozialwissenschaften" zu studieren. Ein berufsbegleitendes Studium kam für mich aus verschiedenen Gründen nicht in Frage. Rückblickend kann ich sagen, dass meine damalige Entscheidung für ein Vollzeitstudium richtig war und sich etwaige Zweifel im Großen und Ganzen als unbegründet erwiesen haben. Den Verlust der vormals erreichten finanziellen Unabhängigkeit, das Angewiesensein auf die finanzielle Unterstützung der Eltern oder eventuelles BAföG, habe ich jedoch als problematisch empfunden.

Sprechen wir über die Zeit vor dem Studium. Was haben Sie in der Zeit zwischen Abitur und Studium gemacht?

Ich habe mich nach der Schule ganz bewusst dafür entscheiden, etwas zu machen, was nichts mit Studium und Universität sondern mit dem „richtigen Leben" zu tun hat. Während meiner zweijährigen Ausbildung zum Zimmermann habe ich viele Menschen kennengelernt, mit denen man aufgrund der unterschiedlichen Milieus weder als Gymnasiast noch als Student in Kontakt kommt. Es war für mich eine wichtige Erfahrung, in das Arbeiter- und Handwerkermilieu einzutauchen. Daneben mochte und mag ich das praktisch-konstruktive Arbeiten mit Holz. Nach meiner Ausbildung habe ich noch für kurze Zeit in meinem Ausbildungsbetrieb gearbeitet. Ich wusste dann aber schon, dass ich nicht mein Leben lang als Zimmermann in einem Betrieb arbeiten möchte. Es ergab sich in dieser Zeit zufällig, dass ich nach Nicaragua gehen konnte, um dort Wasserleitungen zu bauen. Meine Ausbildung zum Zimmermann war für diese Tätigkeit eine sehr gute Voraussetzung. Ich blieb dann rund zwei Jahre in Nicaragua, konnte alsbald fließend Spanisch und hätte mir auch vorstellen können, für immer in Nicaragua zu bleiben. Es ist dann aber aus verschiedenen Gründen anders gekommen. Zurück in Deutschland habe ich mich in Minden eingeschrieben, um das Fach „Wasserbau" zu studieren, aber ich fand dieses Studium nach wenigen Wochen einfach nur furchtbar. Da ich mich schon immer für Politik und durch meine persönlichen Erfahrungen besonders für die Dritte-Welt-Problematik interessiert habe und auch fand, dass dieses Thema viel zu wenig in den Massenmedien behandelt wird, bin ich dann nach Berlin gegangen und habe dort Publizistik- und Kommunikationswissenschaft studiert mit dem Berufsziel Journalist. Nach zwei Semestern hatte ich mich dann aber umorientiert und mein langfristiges Berufsziel gefunden: Ich wollte nicht mehr Journalist werden, sondern politische Kommunikation erforschen.

Sie waren zu Beginn Ihres Studiums also sehr viel älter als Ihre Kommilitonen. War Ihre größere Lebens- und Berufserfahrung ein Vorteil im Studium?

Ich war in der Tat älter. Da es aber damals in Berlin noch sehr viele Langzeitstudenten gab, war ich bei weitem nicht der Älteste. Zu alt habe ich mich nie gefühlt. Es fiel mir anfangs natürlich nicht leicht, wieder Lernender zu sein. Vieles war schon länger her, da ich aber genau wusste, warum ich Publizistik als Studienfach gewählt hatte, war ich hochmotiviert. Manche Kommilitonen, die direkt nach der Schule studiert haben, wussten

Ausbildung vor dem Studium 49

nicht so genau, wozu ihnen das Studium genau dienen sollte und das wirkt sich negativ auf Studiendauer und Studienerfolg aus.

Jemand wie Sie, der nach der Schule nicht eine zielstrebige Studienkarriere verfolgt hat, wirkt heute fast ein wenig aus der Zeit gefallen. Wie gehen Sie vor dem Hintergrund Ihrer Biografie damit um, wenn Sie als Verantwortlicher für hochstrukturierte Bachelor- und Master-Studiengänge die Studierenden dazu anhalten müssen, die Regelstudienzeiten einzuhalten?

Wir in Ilmenau raten unseren Studierenden sehr zu, wenn es darum geht, eigene Wege zu gehen, die jenseits einer schnellen Studienkarriere liegen. Ich sage den Studierenden immer: Macht das, was Euch sinnvoll erscheint und wovon Ihr Euch Lebenserfahrung versprecht. Es ist eine Illusion zu glauben, dass ein Semester mehr oder weniger auf dem Buckel zu haben, irgendeinen Einfluss auf die eigenen Chancen am Arbeitsmarkt hat.

Prof. Dr. Jens Wolling ist Professor für Empirische Medienforschung und Politische Kommunikation an der Technischen Universität Ilmenau. Er hat an der Freien Universität Berlin die Fächer Publizistik- und Kommunikationswissenschaft sowie Geschichte studiert.

Ingrid Paus-Hasebrink (Salzburg) über die Wahl des Studienortes

Frau Prof. Paus-Hasebrink, an der Universität Salzburg kann man „Kommunikationswissenschaft" sowohl im Bachelor als auch im Master studieren. Die Zulassung zum Bachelor-Studium erfolgt in Salzburg über ein Aufnahmeverfahren. Wie funktioniert so ein Aufnahmeverfahren? Wie finden Sie heraus, ob jemand zum Studium der Kommunikationswissenschaft geeignet ist?

Die Rektorate der Universitäten sind gemäß einer Verordnung der österreichischen Bundesregierung ermächtigt, in bestimmten Fächern, etwa in Salzburg in der Kommunikationswissenschaft und der Psychologie, vor der Zulassung ein Aufnahmeverfahren festzulegen. Die Anmeldephase für das Aufnahmeverfahren beginnt Anfang Juni und endet Mitte Juli. In der Anmeldephase geht es darum, verschiedene Nachweise zu erbringen – beispielsweise den Nachweis der Reifeprüfung. Nur wer die Anmeldephase korrekt abgeschlossen hat, wird dann zur eigentlichen Aufnahmeprüfung zugelassen. Die Aufnahmeprüfung führen wir durch, um herauszufinden, welche Kompetenzen die Studienbewerber mitbringen und um zu entscheiden, ob sie für ein Studium der Kommunikationswissenschaft geeignet sind. Die Aufnahmeprüfung umfasst drei Teile; es geht dabei um allgemeine Kompetenzen, wie das Verständnis deutsch- und englischsprachiger Texte und um logisches Denkvermögen, wie die Interpretation einfacher Tabellen und Schaubilder, des Weiteren um studienbezogene Basiskenntnisse, das heißt das Verständnis und die Behaltensleistung der Informationen und Texte aus einem bereitgestellten Reader und außerdem um das Interesse der Bewerber und Bewerberinnen am Studiengebiet, gemessen an ihren Kenntnissen in den Themenfeldern „Medien und Politik". Das alles sind notwendige Basisqualifikationen für ein Studium der Kommunikationswissenschaft. Hier nur kurz ein Beispiel zum Reader; daraus werden etwa Fragen gestellt wie: Wofür steht die „Komm Austria"? Was ist ein „duales Rundfunksystem"? Das Aufnahmeverfahren ist einerseits natürlich recht aufwändig für die Studienbewerber. Anderseits entscheiden sich diese nach einer erfolgreichen Aufnahmeprüfung sehr bewusst und viel informierter für das Studium der Kommunikationswissenschaft.

Studieninformations- und Aufnahmegespräche zeigen immer wieder, dass Abiturienten sich in der Nähe ihrer Heimatstadt nach einem Studium der Kommunikationswissenschaft umschauen. Daneben spielt das CHE-Ranking für Abiturienten bei der Wahl des Studienortes eine wichtige Rolle. Wie sehr sollten Abiturienten die Wahl des Studienortes vom CHE-Ranking abhängig machen?

Einer Lektüre des CHE-Rankings sollte meines Erachtens erst einmal eine intensive Prüfung der eigenen Studienabsichten vorausgehen: Bin ich überhaupt geeignet für ein wissenschaftliches Studium, dessen Gegenstand, wie Klaus Schönbach das in seinem Interview eingangs formuliert hat, die medienvermittelte Kommunikation ist? Ich meine damit, dass Studienbewerber für sich selbst eine Antwort finden sollten, was sie über den Aspekt „etwas mit Medien machen zu wollen" hinaus von einem Studium der Kommunikationswissenschaft erwarten. Wer für sich eine befriedigende Antwort gefunden hat, der möge sich mit den Ergebnissen des CHE-Rankings befassen. Es ist dann allerdings wichtig, dass die Studienbewerber den CHE-Ergebnissen mit der nötigen Skepsis begegnen und nicht vergessen zu fragen, wie diese Zahlen zustande gekommen sind. Die Ergebnisse des CHE-Rankings sollten bei der Entscheidung für oder gegen einen Studiengang immer nur einer von vielen Aspekten der Entscheidungsfindung sein. Mein persönlicher Rat lautet: Studieren Sie – sofern es finanziell möglich ist – am besten dort, wo aus Ihrer Sicht das für Sie passende und vielversprechendste Studienprogramm angeboten wird und verschließen Sie sich nicht der Möglichkeit, Ihre Heimatstadt zu verlassen, um andernorts Kommunikationswissenschaft zu studieren.

Sie haben an der Westfälischen Wilhelm-Universität Münster studiert. Würden Sie heute noch einmal in Münster studieren wollen?

Auf jeden Fall! Münster war für mich die ideale Wahl. Ich hatte dort damals die Möglichkeit, die Publizistik mit der Germanistik zu kombinieren. Anders als damals würde ich mich heute aber um ein Auslandssemester bemühen.

Wo würden Sie denn heute gerne im Ausland studieren?

Als Studienstandorte im Ausland würden mich besonders die Universität in Lund oder die London School of Economics (LSE) interessieren. Ich mag Schweden sehr gern; und Lund ist eine interessante, angenehme, überschaubare und damit auch in der Betreuung intensive Universität. Mit der LSE arbeite ich in unserem europäischen Forschungsprojekt „EU Kids Online" seit einigen Jahren eng zusammen; ich schätze diese forschungsstarke Einrichtung sehr.

Ansgar Koch ist Studiengangskoordinator am Institut für Publizistik- und Kommunikationswissenschaft der Freien Universität Berlin

Bei der Studienortwahl sollte man nicht zu sehr auf die üblichen Rankings schauen, die nur einen begrenzten Einblick in den Studienalltag bieten und das inhaltliche Profil eines Studiengangs kaum näher abbilden können. Wenn die Anreise nicht zu aufwändig ist, sollte man sich vor Ort informieren, sich den Campus anschauen und versuchen, direkt mit Studierenden und der Studienfachberatung ins Gespräch zu kommen. Ergänzend zur Lektüre von Studienordnungen, die aus Abiturientenperspektive eher trockene Kost sein dürften, kann man im Vorlesungsverzeichnis nach aktuellen Lehrveranstaltungen suchen und sich einmal probeweise in eine Vorlesung setzen. Die Kurzkommentare zu den Kursen sind gewissermaßen die Mosaiksteine, an denen sich das Profil eines Studiengangs anschaulich ablesen lässt. Zudem bieten erste Hochschulen Online-Selbsttests für Studienbewerber an, die in interaktiver Form über Inhalte und Anforderungen des Studiengangs informieren, so zum Beispiel der „Online-Studienfachwahl-Assistent" für den BA Publizistik- und Kommunikationswissenschaft an der FU Berlin (http://www.osa.fu-berlin.de/polsoz/puk). Wird Kommunikationswissenschaft als Kombinationsstudiengang angeboten, dann sollte man darauf achten, welche Nebenfächer an der jeweiligen Hochschule wählbar sind. Denn die Zahl der Kombinationsmöglichkeiten unterscheidet sich zum Teil erheblich. Auch angesichts des an einigen Hochschulen sehr hohen Numerus Clausus sollte man für den Fall der Fälle ein Studium der Kommunikationswissenschaft als Nebenfach nicht von vornherein ausschließen, wenn sich vor Ort ein anderes interessantes Kernfach findet, das mit Kommunikationswissenschaft kombinierbar ist. Lesenswert sind zudem die von einigen Instituten publizierten Absolventenstudien, die einen ersten Einblick in mögliche Berufsperspektiven bieten.

Neben dem Wunsch, sein Familien- und Freundschaftsumfeld nicht zu verlassen, sind häufig materielle Gründe dafür ausschlaggebend, sich lieber in der Nähe seiner Heimatstadt um einen Studienplatz zu bewerben. Im Hohenheimer Bachelor-Studiengang gibt es beispielsweise viele Studierende, die noch zu Hause wohnen, weil Stuttgart eine recht teure Stadt ist. Versäumen Studierende, die noch bei den Eltern wohnen, nicht eine wichtige persönliche Erfahrung während des Studiums, die sie dann mitunter gar erst beim Eintritt in das Berufsleben machen?

Alle unsere Studierenden sind vor die Entwicklungsaufgabe gestellt, sich vom Elternhaus abzunabeln und zu versuchen, auf eigenen Beinen zu stehen. Am besten bewältigt man diese Aufgabe natürlich, wenn man finanziell unabhängig ist und in diesem Zuge in einer eigenen Wohnung oder zumindest in einer WG lebt. Es ist buchstäblich sehr viel schwieriger, sich nach dem Abitur oder der Matura einen eigenen Raum zu erobern, wenn man noch im Haus oder der Wohnung der Eltern wohnt. Leider ist es so, dass die mangelnde finanzielle Unabhängigkeit eines der größten Probleme unserer Studierenden ist.

Was spricht aus Ihrer Sicht für einen Studienort in einer großen Stadt und was für einen Studienort in einer kleinen Stadt?

Vor dem Hintergrund der Entwicklungsaufgaben von Studierenden über die wir eben sprachen, würde ich eine mittelgroße Stadt empfehlen. Eine überschaubar große Stadt hilft sicherlich, sich zu Beginn des Studiums gut zurecht zu finden. Grundsätzlich ist das natürlich von Person zu Person verschieden, weswegen sich gute Ratschläge an dieser Stelle eigentlich verbieten. Berlin oder Wien können für jemanden, der unbedingt „mal raus will von zu Hause", ideale Studienorte sein. Für andere Personen sind diese Städte mitunter „eine Nummer zu groß". Diese Personen sind dann vielleicht besser in einer Stadt wie Salzburg aufgehoben. Salzburg bietet meiner Meinung nach eine reizvolle Mischung aus Weltstadt – wegen der Festspiele – und Provinz.

Bei der Wahl des Studienstandortes spielt meines Erachtens aber immer auch die Größe des jeweiligen Studiengangs eine maßgebliche Rolle. Kleine Städte gehen sehr häufig Hand in Hand mit eher kleinen Studiengängen. In eher kleinen Studiengängen mit weniger als 50 Bachelor-Studierenden geht es sicherlich im Studienalltag familiärer zu als an den großen Studienstandorten wie München oder Berlin. Große Studienstandorte haben wiederum den Vorzug, dass das Studienangebot durch die größere Zahl an Professuren häufig breiter angelegt ist.

Nehmen wir an, ein Bachelor-Absolvent der Kommunikationswissenschaft entscheidet sich dafür, noch ein Master-Studium anzuhängen: Welche Argumente sprechen aus Ihrer Sicht für einen Wechsel des Studienorts und welche Argumente sprechen dagegen?

Ich würde den Studierenden raten, die Entscheidung für einen Master-Studiengang vor allem von der Frage abhängig zu machen, an welchem Studienort sie sich am besten spezialisieren können: Welcher Master-Studiengang bereichert die eigenen Interessen am besten? Wo werde ich als Studentin oder Student mit meinen Interessen am besten betreut?

Prof. Dr. Ingrid Paus-Hasebrink ist Professorin für Audiovisuelle Kommunikation am Fachbereich Kommunikationswissenschaft der Universität Salzburg. Sie hat an der Westfälischen Wilhelms-Universität Münster die Fächer Publizistik, Germanistik und Soziologie studiert.

3 Der Studienalltag

Wolfgang Donsbach (Dresden) über das Bachelor- und Master-Studium

Herr Prof. Donsbach, die kommunikationswissenschaftlichen Studiengänge an der Technischen Universität Dresden tragen nicht den Namen „Kommunikationswissenschaft". Der Bachelor-Studiengang heißt „Medienforschung, Medienpraxis", der Master-Studiengang heißt „Angewandte Medienforschung". Warum diese Namen?

Wir sind bei der Planung der Studiengänge „Medienforschung, Medienpraxis" und „Angewandte Medienforschung" sehr strategisch vorgegangen. Durch eingehende Analyse des universitären Ausbildungsmarkts hatten wir im Vorfeld unserer Planung herausgefunden, dass es in Deutschland kaum berufsorientierte Bachelor- und Master-Studiengänge im Bereich der Kommunikationswissenschaft gab. Da wir in Dresden besonders gut profiliert sind in der praxisnahen Ausbildung und in der Vermittlung der Methoden der empirischen Kommunikationsforschung, haben wir zwei Studiengänge entwickelt, die diese Stärken ausnutzen. Es sollte auch von Anfang an klar sein, für welche Berufe sich unsere Studierenden qualifizieren. Die Titel der Studiengänge haben wir mit „Medienforschung, Medienpraxis" und „Angewandte Medienforschung" ganz bewusst gewählt, um das Alleinstellungsmerkmal des Dresdner Studienangebots sichtbar zu machen. In beiden Studiengängen arbeiten wir kontinuierlich mit Lehrbeauftragten, die unseren Studierenden wichtige Einblicke in den Berufsalltag ermöglichen. Die Bachelor-Studierenden können bei uns mit der „Medienforschung" und der „Medienpraxis" zwischen zwei berufspraktischen Schwerpunkten wählen. Der Dresdner Master-Studiengang ergänzt das erworbene Wissen unserer Studierenden in den Bereichen Media- und Medienforschung und bereitet auf Führungstätigkeiten in der Medienforschung vor. Alleinstellungsmerkmal des Master-Studiengangs ist dazu die Praxiskooperation mit der ZDF-Medienforschung.

Sprechen wir über den Unterschied zwischen Bachelor- und Master-Studium. Was unterscheidet einen Bachelor-Studiengang von einem Master-Studiengang?

Ziel des Bologna-Prozesses ist es bekanntlich, ein europaweit einheitliches zweistufiges, konsekutives universitäres Abschlusssystem einzuführen, den Bachelor- und den Masterabschluss. Die Regelstudienzeit für den Bachelor beträgt in den meisten Fällen sechs Semester, für den Master beträgt sie meistens vier Semester. Pro Semester soll ein Studierender

30 Leistungspunkte erwerben. Man geht davon aus, dass pro Leistungspunkt durchschnittlich 30 Arbeitsstunden aufgewendet werden. In einem sechssemestrigen Bachelor-Studium werden folglich 180 Leistungspunkte, in einem viersemestrigen Master-Studium 120 Leistungspunkte erworben. Das zweistufige System soll die Studierenden in die Lage versetzen, bereits nach sechs Semestern über einen berufsbefähigenden Universitätsabschluss zu verfügen. Das Master-Studium ergänzt das grundständige sechssemestrige Bachelor-Studium und dient der Vertiefung oder Erschließung neuer Wissensgebiete. Durch das berufspraktische Profil unseres Bachelor-Studiengangs können unsere Absolventen auf dem Arbeitsmarkt der Medienpraxis oder der Medienforschung bereits sehr gut Fuß zu fassen, wenn sie das möchten.

Auch Fachhochhochschulen, von denen sich in Deutschland inzwischen viele University of Applied Sciences nennen, bieten kommunikationswissenschaftliche Studiengänge an. Was ist der Unterschied zwischen einem Studium der Kommunikationswissenschaft an einer Universität und einer Fachhochschule?

Der zentrale Unterschied zwischen Universitäten und Fachhochschulen besteht darin, dass das wissenschaftliche Personal der Fachhochschulen fast keine Forschung betreibt. Die Einheit von Forschung und Lehre, die das Leitbild der deutschen Universität ist, kann daher an Fachhochschulen nur sehr schwer verfolgt werden. Das liegt insbesondere daran, dass Fachhochschulen ursprünglich als reine Lehreinrichtungen konzipiert worden sind. Das Personal an Fachhochschulen hat ein sehr viel höheres Lehrdeputat als das wissenschaftliche Personal an den Universitäten. Aufgrund ihrer reinen Ausbildungsfunktion ist die akademische Ausbildung der Fachhochschulen sehr viel anwendungs- und berufsorientierter, dafür aber auch weniger forschungsorientiert. Damit einher geht, dass Fachhochschulen oftmals besser ausgerüstet sind mit Technik, die in der Berufspraxis zum Einsatz kommt (z.B. Fernsehstudios bei der Journalistenausbildung).

Viele Bachelor-Absolventen streben ein Master-Studium der „Kommunikationswissenschaft" an. Warum können nicht alle, die das wollen, auch einen Master-Studienplatz bekommen?

Wie viele Studierende für einen Master-Studiengang zugelassen werden, hängt von den Kapazitäten der Universitäten ab. Jede Universität muss für sich entscheiden, wie sie das vorhandende wissenschaftliches Personal auf die Bachelor- und Master-Studiengänge aufteilt. Wir in Dresden haben im Wintersemester 2011/2012 beispielsweise 75 Studierende im Bachelor und 25 Studierende im Master aufgenommen. Die Bewerberzahlen sind dabei jeweils um ein Vielfaches höher. Für den Bachelor haben sich über 1.000, für den Master 175 junge Leute beworben.

Raten Sie zu einem Studienortwechsel, wenn man nach dem Bachelor-Studium plant, noch ein Master-Studium absolvieren möchte?
Natürlich ist ein Studienortwechsel immer von der persönlichen Situation abhängig. Sofern es die materielle Situation erlaubt, rate ich jedem Master-Bewerber dazu, einen Studienortwechsel in Erwägung zu ziehen. Mit einem Studienortwechsel lernt man ja nicht nur anderes Lehrpersonal kennen, sondern man erschließt sich selbst auch ganz neue persönliche Netzwerke. Für die persönliche Entwicklung ist ein Studienortwechsel meines Erachtens immer ein Gewinn.

Prof. Dr. Wolfgang Donsbach ist Professor für Kommunikationswissenschaft an der Technischen Universität Dresden. Er hat Publizistikwissenschaft, Politikwissenschaft und Ethnologie an der Johannes Gutenberg-Universität Mainz studiert.

Helena Bilandzic (Augsburg) über Vorlesungen, Seminare und Übungen

Frau Prof. Bilandzic, die Universität Augsburg bietet einen Bachelor- und einen Master-Studiengang „Medien und Kommunikation" an. Im Mittelpunkt des Studiengangs stehen zwei Kernfächer: Kommunikationswissenschaft und Medienbildung. Was sind die Besonderheiten der Augsburger Studiengänge?

Das Besondere unserer Studiengänge ist die Interdisziplinarität. Im BA und im MA gibt es bei uns sowohl kommunikationswissenschaftliche als auch bildungswissenschaftliche Anteile. Das übergeordnete Thema beider Studiengänge ist die Funktion von Medien für den Menschen und die Gesellschaft. Damit sind beispielsweise Funktionen wie die Vermittlung von Information oder die Herstellung demokratischer Öffentlichkeit gemeint. Es geht aber auch um Funktionen von Medien bei Bildungszielen: Wie sind didaktische Medienangebote so zu gestalten, dass die Menschen etwas lernen? Wie lassen sich digitale Medien in der Schul- oder Hochschulbildung einsetzen? Unsere Studiengänge zeichnen sich zudem dadurch aus, dass bei uns das projektorientierte empirische Arbeiten groß geschrieben wird. Die Studierenden entwickeln gemeinsam mit den Lehrenden beispielsweise Fragebögen für Befragungen oder Codebücher für Inhaltsanalysen. Auch der Erwerb von wissenschaftlichen und sozialen Schlüsselkompetenzen spielt bei uns eine hervorragende Rolle.

Sprechen wir über Vorlesungen, Seminare und Übungen. Wodurch unterscheiden sich diese drei Lehrveranstaltungsformen im Studium der Kommunikationswissenschaft?

Diese drei Lehrveranstaltungsformen unterscheiden sich im Grad der geforderten Mitarbeit der Studierenden und in der Zahl der Zuhörer. Auch wenn es heutzutage sehr viel mehr als früher üblich ist, die Zuhörerschaft einer Vorlesung durch Fragen und kurze Diskussionen einzubinden, ist die typische Arbeitsform der Vorlesung weiterhin der Frontalunterricht: Es redet vor allem der Professor oder die Professorin. Oftmals sitzt ein ganzer Jahrgang der Studierenden eines Fachs in der Vorlesung. Die Funktion einer Vorlesung ist es, einen Themenbereich zu strukturieren und das Grundlagenwissen dieses Themenbereichs zu vermitteln.

Seminare dienen dazu, ausgewählte Themen zu vertiefen. Seminare haben weniger Teilnehmer als Vorlesungen. In Seminaren können Studierende zeitweise in die Rolle des Vortragenden schlüpfen, indem sie ein

Referat halten. Seminare können aber auch als Lektüre- und Diskussionskurse angelegt sein. In solchen Seminaren lesen die Studierenden vor jeder Sitzung ein oder zwei Texte und diskutieren unter der Leitung des Lehrpersonals gemeinsam über diese Texte.

Übungen haben im Gegensatz zu Vorlesungen und Seminaren einen praktischen Teil. Dies kann die Entwicklung und Durchführung einer Befragung, einer Inhaltsanalyse oder Beobachtung sein. Die Unterscheidung zwischen Seminar und Übung wird aber heute an vielen Studienstandorten nicht mehr so streng getroffen.

Sie haben gesagt, dass Sie in den Vorlesungen auch Fragen an die Studierenden stellen, um kurz zu diskutieren. Was sagen Sie Studierenden, die sich eigentlich gerne in einer Vorlesung beteiligen möchten, aber zu schüchtern sind, um vor rund hundert Menschen frei zu sprechen?

Ich möchte alle Studierenden der Kommunikationswissenschaft nachdrücklich dazu einladen, ihre Schüchternheit zu überwinden! Wer sich in diesen Situationen einbringt, der übt für das spätere Berufsleben. Das freie Reden vor Kolleginnen und Kollegen oder vor Kunden wird für viele unserer Studierenden, die ja häufig das Kommunikationsmanagement als Berufsfeld ansteuern, später zum täglichen Brot im Berufsalltag gehören. Das freie Reden will immer wieder und wieder geübt werden. Ich sehe die Beteiligung in Lehrveranstaltungen, egal welcher Art, immer auch als Einüben einer sozialen Schlüsselkompetenz: klar und prägnant die eigenen Gedanken zum Ausdruck bringen zu können.

Wann ist aus Ihrer Sicht eine Vorlesung eine gelungene Veranstaltung?

Eine Vorlesung ist dann gelungen, wenn alle Beteiligten ihre Rollenanforderungen erfüllen. Die Professorin oder der Professor hat die Aufgabe, einen Themenbereich zu strukturieren. Die Studierenden haben die Aufgabe, diese Struktur dafür zu verwenden, anhand von Lehrbüchern, Handbüchern oder Fachartikeln diesen Themenbereich in der Bibliothek oder zu Hause zu vertiefen. Vorlesung und selbst lesen gehören untrennbar zusammen. Wer glaubt, in der Vorlesung alles Wesentliche zu einem Themengebiet allein durch Zuhören erfahren zu können, der irrt sich gewaltig.

Können Sie verstehen, wenn Studierende sagen, dass sie nicht die Zeit haben, jeden Text der Vorlesung nachzubereiten?

Zeitmanagement ist sicherlich eine der großen Herausforderungen des Studiums. Studieren heißt mitunter, von morgens bis abends ausschließlich für das Studium zu arbeiten. Meiner Erfahrung nach ist vielen Studierenden das Nachbereiten des Vorlesungsstoffs in den ersten beiden Monaten eines Semesters weniger wichtig als in den beiden letzten Monaten. Diese Einstellung führt dann häufig dazu, dass sich angesichts des umfänglichen Lernstoffs in den letzten Wochen des Semesters ein Gefühl der Überforderung einstellt. Dieses Problem kann man durch vorausschauendes Zeitmanagement relativ gut in den Griff bekommen. Zu lernen, wie man mit seiner Zeit umgeht und wie man unter Zeitdruck zwangsläufig Prioritäten setzen muss, ist ebenfalls eine wichtige Schlüsselkompetenz, die im modernen Berufsleben gefordert wird.

Gibt es eigentlich – wie in der Schule – einen Rahmenplan, der festlegt, welche Inhalte in kommunikationswissenschaftlichen Vorlesungen, Seminaren und Übungen unterrichtet werden?

Nein, einen Rahmenplan gibt es nicht. Es gibt eine Art stillschweigende Übereinkunft in der jeweiligen Wissenschaft, was in einem bestimmten Feld wichtig ist und deshalb wert, als Themengebiet in einer Lehrveranstaltung behandelt zu werden. Ausdruck dieser Übereinkunft sind beispielsweise Lehrbücher; sie beinhalten ausgewählte Wissensbestände. Die Art und Weise, wie Wissensbestände in Lehrbüchern aufbereitet sind, welcher Gliederung sie folgen, welche Schwerpunkte gesetzt werden, ist Ausdruck eines Konsens in der wissenschaftlichen Community zum Zeitpunkt der Veröffentlichung. Auch Artikel in Fachzeitschriften bringen zum Ausdruck, was in einem Feld gerade wichtig ist. Da diese Artikel ein Begutachtungsverfahren durchlaufen haben, bevor sie in Fachzeitschriften abgedruckt werden, gelten die Themen dieser Artikel als relevant für das Fach. Wenn zu einem Themengebiet lange genug immer wieder Fachartikel und Bücher veröffentlicht werden, kann daraus irgendwann ein eigenständiger Forschungszweig entstehen, der so wichtig ist, dass er Eingang in Vorlesungen und Lehrbücher findet. Wissenschaftlerinnen und Wissenschaftler tauschen sich außerdem auf Tagungen ihrer Fachgesellschaft über die großen Linien ihrer akademischen Disziplin aus und diskutieren, wie man Studierende ausbilden kann. Die deutsche Fachgesellschaft der Kommunikationswissenschaft, die Deutsche Gesellschaft für Publizistik- und Kommunikationswissenschaft (www.dgpuk.de), setzt immer wieder Kommissionen ein, die sich mit der Ausbildung von Studierenden beschäftigen und Empfehlungen aussprechen.

Können Sie kurz erläutern, welche Lehrveranstaltungen Sie im letzten Wintersemester angeboten haben?

In einer Einführungsvorlesung habe ich den Studierenden einen Überblick über die Kommunikationswissenschaft gegeben, die typischen Fragestellungen und Theorien unseres Faches vorgestellt und klassische Studien präsentiert. Ich verwende dabei gerne Beispiele, die Studierende aus ihrer eigenen Mediennutzung kennen. In der Sitzung zu Motiven der Mediennutzung habe ich etwa mit der TV-Serie *CSI* eingeführt, die viele Studierende kennen. Durch die Bezugnahme auf diese Serie fiel es den Studierenden leicht, den Stoff schnell zu verstehen und meine Fragen während der Vorlesung zu beantworten. Die Vorlesung wurde durch ein Tutorium begleitet und endete mit einer Klausur.

Außerdem habe ich im Bachelor-Studiengang ein Seminar zur Nachrichtenforschung angeboten. Darin ging es um Nachrichten und Medienwandel. Wir haben danach gefragt, wie Ereignisse zu Nachrichten werden, auf welche Art und Weise Nachrichten veröffentlicht werden und welche Rolle dabei moderne Technologien spielen. In der ersten Sitzung des Seminars habe ich ein Fallbeispiel aus der Nachrichtenforschung vorgestellt, in der zweiten Sitzung wurden zwei wissenschaftliche Texte diskutiert und in den restlichen Sitzungen haben die Studierenden Referate gehalten und in Arbeitsgruppen Projektaufgaben bearbeitet.

Im Master-Studiengang habe ich ein Seminar zur Rezeptionsforschung angeboten. Dort wurde die Frage bearbeitet, wie Einstellungen zum Rauchen durch Geschichten in Text und Film verändert werden. Um diese Frage zu beantworten, haben wir über das Semester hinweg gemeinsam ein Forschungsprojekt geplant, durchgeführt und ausgewertet. Am Ende des Seminars haben die Studierenden dann einen Projektbericht geschrieben und damit eine Generalprobe für ihre Masterarbeit gemacht.

Prof. Dr. Helena Bilandzic ist Professorin für Kommunikationswissenschaft mit Schwerpunkt Rezeption und Wirkung an der Universität Augsburg. Sie hat an der Ludwig-Maximilians-Universität München die Fächer Kommunikationswissenschaft, Französische Philologie und Medienrecht studiert.

Frank Brettschneider (Stuttgart-Hohenheim) über gute und schlechte Referate

Herr Prof. Brettschneider, die Universität Hohenheim bietet einen Bachelor-Studiengang „Kommunikationswissenschaft" an sowie zwei spezialisierende Master-Studiengänge: den praxisorientierten Studiengang „Kommunikationsmanagement" und den forschungsorientierten Studiengang „Empirische Kommunikationswissenschaft"? Was zeichnet den Bachelor-Studiengang „Kommunikationswissenschaft" Ihrer Meinung nach besonders aus?

Wer in Hohenheim den Bachelor-Studiengang „Kommunikationswissenschaft" studiert, lernt das Fach in seiner ganzen Breite kennen. Das Studium umfasst Module zur Journalismusforschung, zum Kommunikationsmanagement, zur Kommunikationstheorie, zur Mediennutzung- und Medienwirkungsforschung, zur politischen Kommunikationsforschung und zur Online-Kommunikation. Uns ist es wichtig, dass unsere Studierenden mit unseren Lehrbeauftragten und Gastreferenten einen permanenten Dialog über die Berufspraxis führen können. Profilbildend ist für Hohenheim sicherlich auch die Interdisziplinarität des Studiengangs. Diese Interdisziplinarität kommt beispielsweise dadurch zum Ausdruck, dass unsere Studierenden ausgewählte wirtschaftswissenschaftliche Veranstaltungen wie die Vorlesung „Marketing" besuchen können. Im Rahmen des Kooperationsabkommens mit der Universität Stuttgart besuchen unsere Studierenden außerdem ausgewählte politikwissenschaftliche Lehrveranstaltungen. Unsere Studierendenbefragungen haben wiederholt gezeigt, dass die interdisziplinären Aspekte des Studiums in Hohenheim besonders honoriert werden. Ich würde außerdem sagen, dass die Methodenausbildung das Studium in Hohenheim auszeichnet. Die Methodenausbildung sieht nicht nur die Vermittlung der klassischen Erhebungsmethoden wie die Befragung oder die Inhaltsanalyse vor. Wir gehören neben Landau, Mainz und München zu den wenigen deutschen Standorten, wo Kommunikationswissenschaftler mithilfe von Real-Time-Response-Technologie (RTR) die Bewertungen von Testpersonen in Echtzeit messen können. Wir setzen in Hohenheim diese Technologie beispielsweise ein, um die Reaktion des Publikums auf die Redebeiträge von Spitzenpolitikern in TV-Duellen zu bestimmen. Neben der RTR-Technologie zeigen wir den Studierenden im Laufe des Studiums wie eine Augenbewegungsanalyse, eine physiologische Messung des Hautleitwiderstands oder die automatische Analyse von Gesichtsausdrücken in der kommunikationswissenschaftlichen Forschung eingesetzt werden. Mit dem digitalen Rundfunkstudio verfügen wir in Hohenheim zudem über modernste Technik zur Vermittlung kommunikationspraktischer Fertigkeiten.

Ich bin mehrfach mit dem netten Vorurteil konfrontiert gewesen, dass ich „als gelernter Kommunikationswissenschaftler" sicherlich gut vortragen könnte. Lernt man das im Studium der Kommunikationswissenschaft?

Rein von den Studienplänen her gesehen müsste man die Frage sicherlich verneinen. Die Frage, wie man einen guten Vortrag hält, ist nicht Gegenstand der Kommunikationswissenschaft. Trotzdem lernen die Studierenden im Rahmen von Lehrveranstaltungen wie der „Einführung in das wissenschaftliche Arbeiten", was einen guten Vortrag ausmacht. Nach meinem Eindruck lernen die Studierenden der Kommunikationswissenschaft das gute Vortragen mehr oder weniger studienbegleitend. Wir Lehrenden versuchen einerseits den Studierenden ein gutes Vorbild zu sein, was die Vermittlung wissenschaftlicher Ergebnisse angeht. Hier kann man als Studienanfänger durch reine Anschauung sicherlich schon eine Menge für sich übernehmen. Andererseits halten die Studierenden ja während ihrer Studienzeit mehrere Referate und erhalten hierbei auch Rückmeldung über ihre Art und Weise vorzutragen.

Was macht ein gutes Referat im Studium aus?

Es gibt mehrere Aspekte, die aus einem Referat ein gutes Referat machen. Ein Referat ist aus meiner Sicht gut, wenn die Referenten es schaffen, das Thema des Referats in einen gesellschaftspolitischen Kontext einzubetten. Der gesellschaftliche Diskurs über Stuttgart 21 eignet sich meiner Meinung nach beispielsweise sehr gut, um viele der sozialen Mechanismen, die unseren kommunikationswissenschaftlichen Theorien zugrunde liegen, exemplarisch zu illustrieren. Als Kommunikationswissenschaftler sind wir im Gegensatz zu Mathematikern oder Chemikern immer im Vorteil, weil unsere Theorien sehr viel mehr Bezüge zum gesellschaftlichen Tagesgeschehen haben. Hinzu kommen natürlich die handwerklichen Aspekte eines guten Referates: eine klare Fragstellung, eine strukturierte Gliederung, eindeutig definierte Fachbegriffe, die Darstellung des Forschungsstandes, eine nachvollziehbare Ergebnispräsentation und eine kritische Reflexion.

Sprechen wir über Power Point – Fluch oder Segen?

Das kommt, finde ich, ganz darauf an. Der Einsatz von Power Point kann Fluch sein, wenn nicht mehr frei vorgetragen, sondern der Text der Power Point-Folien vorgelesen wird. Dann werden erst das Publikum und dann das Lehrpersonal einschlafen. Power Point kann wiederum Segen sein, wenn es rahmengebend eingesetzt wird. Solange die Power Point-Präsentation nur das Gerüst des Vortrags bildet und vielleicht durch das Zeigen von Bildern oder Videos illustrierend eingesetzt wird, finde ich das an sich positiv. In meinen Lehrveranstaltungen ist der Einsatz von Power Point übrigens keine Pflicht. Ich habe auch schon Referate mit einer guten oder sehr guten Note bewertet, bei denen Power Point nicht zum Einsatz gekommen ist. Mein Empfehlung zu diesem Thema lautet: Die Studierenden sollten zusehen, dass sie im Laufe des Studium lernen, dass sie sowohl durch einen rein mündlichen Vortrag überzeugen als auch mithilfe eines Power Point-Vortrags.

Merken Sie bei einem studentischen Vortrag, ob die Referentin oder der Referent sich tatsächlich intensiv vorbereitet und die Originalquelle gelesen oder nur mal schnell ein Lehrbuch durchgeblättert hat?

Klar merke ich das! Ich merke das beispielsweise an der Strukturierung des Vortrags oder an den verwendeten Fachbegriffen, ob die Originalquelle zur Vortragsvorbereitung gelesen worden ist oder nicht. Ich wundere mich immer wieder, dass manche Studierende gerne dem Lesen von Originaltexten aus dem Weg gehen, dabei ist doch die Lektüre der Originalquelle gerade das Spannende am Studium.

Wenn ein Referat schlecht ist, kann das viele Gründe haben. Man ist vielleicht sehr aufgeregt; man unterschätzt, wie lang der eigene Vortrag tatsächlich ist; man kommt mit der Technik im Raum nicht zurecht. Wie dem auch sei, wenn ein schlechtes Referat gehalten wird, ist das für Referenten wie Zuhörer unangenehm. Wie gehen Sie mit so einer Situation in einer Lehrveranstaltung um?

Ich bin der Meinung, dass alle etwaigen technischen Probleme relativ gut im Vorfeld eines Referats gelöst werden können. Wer frühzeitig zum eigenen Referat erscheint, wird durch Ausprobieren eventuell auftretende Probleme in den Griff bekommen. Die Länge des Referats in den Griff zu bekommen, ist dagegen etwas schwerer. Hier empfiehlt es sich, vorab ein- oder zweimal den Vortrag zu Hause zu üben – beim zweiten Mal am besten vor einer Freundin oder einem Freund, damit man sich an die Publikumssituation gewöhnt. Was in meinen Augen nicht akzeptiert werden kann, ist eine mangelnde Vorbereitung auf den eigenen Vortrag. Eine mangelnde Vorbereitung mache ich beispielsweise daran fest, dass die Power Point-Präsentation Rechtschreibfehler enthält oder dass das Zeitlimit gnadenlos überschritten wird. Manchmal passiert es auch, dass die Referenten so sehr aufgeregt sind, dass sie ein wenig den Faden verlieren.

In dieser Situation tadeln wir als Dozenten natürlich nicht, sondern helfen durch Stellen einfacher Zwischenfragen oder einen längeren Wortbeitrag, dass die Referenten ihren Faden wiederfinden.

An Universitäten ist es üblich, dass nach dem Referat die Zuhörer mit den Referenten diskutieren. Warum kommen diese Diskussionen oftmals nur schleppend in Gang?

Ich kann Ihren Eindruck nicht ganz teilen, dass Diskussionen oftmals nur schleppend in Gang kommen. Sicherlich kommt es vor, dass die Studierenden nicht die Texte gelesen haben, die dann von Einzelnen in der Lehrveranstaltung durch ein Referat vorgestellt werden. Wenn sich niemand im Publikum vorbereitet hat, dann kann eine Diskussion mitunter schon recht zäh sein, das stimmt. Wie Diskussionen in Lehrveranstaltungen letztlich verlaufen, hängt meiner Meinung nach aber sehr viel stärker von der Zusammensetzung der Studierenden ab. Es reichen oft schon zwei, drei Studierende, die bereit sind, sich zu äußern, damit eine Diskussionsdynamik entsteht. Eine ganz wichtige Voraussetzung für eine förderliche Diskussionskultur ist, dass wir Dozenten einen angstfreien Raum in der Lehrveranstaltung schaffen, in der kontrovers diskutiert werden kann und darf, ohne dass sich jemand verletzt fühlt. Wissenschaft lebt von der Kritik, nur sollte bei der Formulierung der Kritik immer darauf geachtet werden, dass Sache und Person auseinandergehalten werden.

Prof. Dr. Frank Brettschneider ist Professor für Kommunikationswissenschaft insbesondere Kommunikationstheorie an der Universität Hohenheim. Er hat Politikwissenschaft, Publizistik und Jura an der Johannes Gutenberg-Universität Mainz studiert.

Philomen Schönhagen (Fribourg) über Klassikerlektüre

Frau Prof. Schönhagen, an der Université de Fribourg kann man den Bachelor-Studiengang „Medien- und Kommunikationswissenschaft" und die Master-Studiengänge „Kommunikationswissenschaft und Medienforschung" und „Business Communication" studieren. Wie wirkt sich die französisch-deutsche Sprachgrenze im Kanton Fribourg auf das Studium aus?

Fribourg als Stadt ist französischsprachig. Die Université de Fribourg selbst ist zweisprachig. In den Lehrveranstaltungen wird Hochdeutsch gesprochen, außerhalb der Lehrveranstaltungen spricht man entweder Schweizerdeutsch oder Französisch. Der Bachelor-Studiengang „Medien- und Kommunikationswissenschaft" und der Master-Studiengang „Kommunikationswissenschaft und Medienforschung" werden in deutscher Sprache studiert. Der Master-Studiengang „Business Communication" wird hingegen – trotz seines englischen Titels – in französischer Sprache angeboten.

Große Städte üben ja auf Studierende häufig eine besondere Anziehungskraft aus. Wie ist das im Vergleich zwischen Zürich und Fribourg?

Studienortwechsler berichten uns sehr oft, dass das Studium in Fribourg persönlicher sei und man ein engeres Verhältnis zu den Professoren habe. Dieser Eindruck kommt sicherlich dadurch zustande, dass Fribourg als eher kleine Universität nicht so viele Studierende zulassen kann wie die Universität Zürich. Mit Blick auf die Studieninhalte sehe ich nur wenige Unterschiede zwischen Fribourg und Zürich. Beide Standorte sind sozialwissenschaftlich ausgerichtet. Einziger großer Unterschied ist, dass die Bachelor-Studierenden in Fribourg die Möglichkeit haben, berufspraktische Lehrveranstaltungen im Bereich der Journalistik zu wählen.

Die eigenständige Lektüre spielt in fast jedem Studium eine große Rolle. Ist es ratsam, Kommunikationswissenschaft zu studieren, wenn man nicht gerne liest?

Ich glaube nicht, dass das ratsam wäre. Auch im Internet-Zeitalter führt am Lesen im Studium kein Weg vorbei!

Welche Rolle haben Lehr- oder Handbücher im Studium?

Sekundärliteratur wie Lehrbücher oder Handbücher dienen vor allem dazu, sich relativ schnell einen Überblick über ein Forschungsfeld oder zu einem speziellen Thema zu verschaffen. Natürlich verfügt niemand innerhalb eines Semesters über die Zeit, sich anhand der Lektüre von Originaltexten diesen Überblick eigenständig zu verschaffen. Trotz meines Plädoyers für die Lektüre von Originaltexten sehe ich natürlich den Leistungsdruck, dem die Studierenden im Bachelor-Studium ausgesetzt sind – insbesondere dann, wenn es am Ende des Semesters darum geht, parallel für viele Klausuren zu lernen. Ich würde mir wünschen, dass sich die Studierenden zumindest ab und zu trauen, während des Semesters einfach nur ihren Interessen zu folgen. Die Nachbereitung einer Vorlesung muss ja nicht immer am Schreibtisch stattfinden. Warum nicht auch mal ein Buch, das in einer Vorlesung erwähnt wurde und über das man gerne mehr erfahren würde, mit nach Hause nehmen und es in Ruhe auf der eigenen Couch lesen? Wer nicht auch mal etwas im Studium liest, ohne immer gleich an die Klausur zu denken, vergibt sich letztlich die Chance, trotz aller Systemzwänge eigene Wege zu gehen.

Warum reicht es nicht aus, Lehrbücher zu lesen, in denen die zentralen Aussagen kommunikationswissenschaftlicher Klassiker zusammengefasst sind?

Wenn es mir im Studium nur darum geht, die Klausur zu bestehen, reicht es vielleicht wirklich aus, nur Lehrbücher zu lesen. Ich persönlich bin der Ansicht, dass eine Auseinandersetzung mit Originaltexten unerlässlich ist, um gewisse wissenschaftliche Argumente in ihrer ganzen Komplexität nachvollziehen zu können. Es macht einen Riesenunterschied, ob ich ein wissenschaftliches Argument anhand des Originaltexts oder bereits gefiltert durch einen Lehrbuchautor kennenlerne. Natürlich ist es bequem, sich im Studium ausschließlich auf Lehrbücher zu verlassen. Diese Bequemlichkeit bedeutet im schlimmsten Fall, sich komplett abhängig zu machen von den Lesarten der Lehrbuchautoren. In einigen Lehrbüchern heißt es beispielsweise, dass mehrere Studien gezeigt hätten, dass das Radiohörspiel „War of the Worlds" von Orson Wells bei seiner Ausstrahlung im Jahr 1938 der Auslöser für eine Panik unter den Zuhörern war, weil diese fälschlich angenommen haben sollen, dass Außerirdische auf der Erde gelandet seien. Mein Kollege Christoph Neuberger hat im Zuge einer sehr genauen Lektüre der Originalquelle jedoch darlegen können, dass nur eine kleine Minderheit der Zuhörer durch das Hörspiel beeinflusst worden ist. Lehrbücher sind ohne Frage sehr hilfreich, wenn es darum geht, sich einen ersten Überblick zu einem Thema zu verschaffen. Wenn es aber um die Bildung des eigenen Urteils geht, sollte man sich am besten wie Christoph Neuberger die Originalquellen besorgen und darin selbst nachlesen.

Klassikerlektüre

Der Soziologe Niklas Luhmann ätzte mal, dass es überhaupt nichts bringe, „Klassikerknochen" immer wieder abnagen zu wollen, weil diesen längst nichts mehr abzugewinnen wäre. Was können wir heute von den Pionieren der Medienwirkungs- und Mediennutzungsforschung lernen?

Erlauben Sie mir, spontan zurückzuätzen: Wer sich mal mit Albert Schäffles soziologischem Vierbänder „Bau und Leben des socialen Körpers" aus den Jahren 1875-1878 näher beschäftigt hat, wird viele Gedanken entdecken, die sich sehr viel später in den soziologischen Schriften von Niklas Luhmann wiederfinden. Soviel zum Wert des Abnagens soziologischer Klassikerknochen!

In den 1920er Jahre wurden mit dem *Payne Fund Studies* in den USA die ersten Medienwirkungsstudien durchgeführt. Diese Studien gelten in meinen Augen vollkommen zu Recht als Meilensteine der Medienwirkungsforschung. Damals sorgte man sich in der Öffentlichkeit um mögliche negative Folgen, die ein Kinobesuch für Kinder haben könnte. In den *Payne Fund Studies* wurde deshalb die Frage untersucht, welche Effekte die Kinofilmrezeption auf Kinder hat. Obwohl diese Studien vor über 90 Jahren durchgeführt worden sind, haben sie kaum etwas von ihrer Gültigkeit verloren. Schon damals zeigte sich, dass Medienwirkungen von vielen individuellen Faktoren des Rezipienten wie seinem Alter oder seinem Geschlecht abhängen. Bereits die *Payne Fund Studies* haben deutlich gemacht, dass es für Pauschalurteile wie „Das Kino hat einen schlechten Einfluss auf Kinder" keine empirischen Evidenzen gibt.

Welches Buch würden Sie Studieninteressierten empfehlen zu lesen, wenn diese sich einen ersten Überblick über das Fach verschaffen wollen?

Ich denke, dass die Lehrbücher „Kommunikationswissenschaft" von Klaus Beck oder „Einführung in die Publizistikwissenschaft" von Heinz Bonfadelli gut geeignet sind, um sich als Studieninteressierter einen ersten Fachüberblick zu verschaffen.

Prof. Dr. Philomen Schönhagen ist Professorin für Medien- und Kommunikationswissenschaft an der Université de Fribourg. Sie hat in Bochum und München studiert und ein Studium in Kommunikationswissenschaft (Zeitungswissenschaft) mit den Nebenfächern Kunstgeschichte, Italienische Philologie sowie Markt- und Werbepsychologie abgeschlossen.

Oliver Quiring (Mainz) über Methoden und Statistik

Herr Prof. Quiring, das Institut für Publizistik (IfP) der Johannes Gutenberg-Universität Mainz bietet einen Bachelor-Studiengang „Publizistik" an. Was macht aus Ihrer Sicht den Mainzer Studienstandort besonders attraktiv?

Der Bachelor-Studiengang vermittelt einerseits wissenschaftliche Grundlagen, einschlägige theoretische Ansätze und Methodenkompetenz, andererseits aber auch eine Reihe von berufsfeldbezogenen Qualifikationen. Es ist also kein Studium im Elfenbeinturm. Unsere Studierenden können aus einer sehr großen Anzahl an Nebenfächern auswählen. Viele davon befassen sich selbst mit Medien, wie beispielsweise die Film- oder auch Buchwissenschaft. Darüber hinaus lässt sich Publizistik auch sehr gut mit anderen sozialwissenschaftlichen Fächern, wie der Politikwissenschaft, der Psychologie oder auch der Soziologie kombinieren. Weil wir eine Campusuniversität sind, haben die Studierenden in der Regel sehr kurz Wege. Das IfP forscht seit seiner Gründung in den 1960er Jahren an der Spitze der Disziplin. Es genießt weit über die Landesgrenzen hinaus einen hervorragenden Ruf. Wichtig ist uns, dass Studierende die Kommunikationswissenschaft aus erster Hand erfahren und erlernen können. Einblicke in die Forschung bekommen Studierende bei uns von erfahrenen Forschern vermittelt. Journalismus lernen sie von Wissenschaftlern, die auf eine professionelle Karriere als Journalisten zurückblicken können. Und wenn bei uns Medienrecht behandelt wird, dann im Regelfall von Jura-Professoren und nicht per „Durchkauen" eines Lehrbuches.

Wie sieht es rund um Mainz mit Nebenjobs und Studentenleben aus?

Das Rhein-Main Gebiet mit seinen zahlreichen Medienunternehmen ist ein hervorragendes Umfeld, in dem Studierende in verschiedenen Praktika und Nebenjobs schon während des Studiums ausprobieren können, ob der Traumberuf wirklich hält, was er verspricht. Gut die Hälfte unserer Studierenden jobbt schon während des Studiums bei ihrem späteren Arbeitgeber. Über 95 Prozent finden im ersten halben Jahr nach ihrem Abschluss eine Festanstellung. Und schließlich muss ich selbst als Zugereister natürlich die Lebensqualität anführen. Berührungsängste sind in Mainz eher ein Fremdwort. Offenheit und Freundlichkeit sind der Normalfall. Das Kultur- und Kneipenangebot ist gerade für junge Semester sehr vielfältig und kommt Studierenden mit gemäßigtem Budget sehr entgegen. Falls das dann doch ab und zu alles zu viel werden sollte, ist man aber auch sehr schnell wieder in der freien Natur.

Das IfP bietet besonders viele Master-Studiengänge an: „Kommunikationswissenschaft", „Journalismus", „Medienmanagement" und „Unternehmenskommunikation". Was sind die Ausbildungsziele dieser Master-Studiengänge?

Der Master „Kommunikationswissenschaft" richtet sich an Studierende, die an wissenschaftlicher Forschung zu gesellschaftlich bedeutsamen Themen interessiert sind. Studierende nehmen an langfristigen Forschungsprojekten teil – beispielsweise zur Rolle der Medien bei Wahlen. Nach vier Semestern ist man dann bestens auf einen Einstieg in die Markt-, Media- und Meinungsforschung vorbereitet. Der Masterstudiengang „Journalismus" strebt eine praxisorientierte, aber wissenschaftlich fundierte Ausbildung an, die unmittelbar zur Arbeit als Journalist in allen Medien befähigt. Das Journalistische Seminar am IfP ist zu diesem Zwecke hervorragend technisch ausgestattet worden. Die Lehrveranstaltungen der Journalistik sind vielfältig – sie bestehen aus Vorlesungen, Lehrredaktionen, Übungen, Projektarbeiten und werden durch den Besuch von Presseterminen und Exkursionen ergänzt. Der Master „Medienmanagement" fokussiert die ökonomische Seite der Medien. Die Studierenden erwerben das Rüstzeug für Führungsnachwuchs in Medienunternehmen und mediennahen Institutionen oder auch für eine Laufbahn in der medienwirtschaftlichen Forschung und Lehre. Im Studiengang dreht sich alles um Marketing, Controlling und Medienrecht. Einige Veranstaltungen finden in Kooperation mit Medienunternehmen statt. Der Studiengang „Unternehmenskommunikation" vermittelt eine umfassende Ausbildung für die Bereiche Unternehmenskommunikation und Public Relations. Alle Gesichtspunkte, die die Kommunikation in großen und kleinen Unternehmen ausmachen und beeinflussen, werden eingehend beleuchtet. Ein besonderer Schwerpunkt liegt auf der Finanzkommunikation. Darüber hinaus werden die Studierenden mit Arbeitsweisen und -techniken von Journalisten vertraut gemacht. In praktischen Übungen werden sie in die Lage versetzt, Beiträge für alle relevanten Medien zu gestalten.

Klaus Schönbach hat in seinem Interview die Kommunikationswissenschaft als eine empirisch-analytisch orientierte Sozialwissenschaft bezeichnet. Studierende sozialwissenschaftlicher Fächer werden – egal ob sie nun Politikwissenschaft, Soziologie, Psychologie oder Betriebswirtschaftslehre studieren – im Studium immer mit den Methoden der empirischen Sozialforschung konfrontiert werden.

Was lernt man im Studium der Kommunikationswissenschaft, wenn man eine Lehrveranstaltung zu den Methoden der empirischen Sozialforschung besucht?

Zu Beginn des Studiums gibt es in der Regel eine Einführungsvorlesung, in der die einschlägigen Methoden vorgestellt werden. Normalerweise beginnt das mit einer Einführung in die Wissenschaftstheorie. Dabei steht im Vordergrund, wie man überhaupt zu einer relativ gesicherten wissenschaftlichen Erkenntnis gelangen kann. Der Rest der Vorlesung behandelt üblicherweise die gängigen Erhebungsmethoden: die Inhaltsanalyse, die Befragung und die Beobachtung in all ihren Variationen und natürlich auch das Experiment.

Klingt für Studienanfänger sicherlich enorm trocken und abstrakt, oder?

Ja, deshalb halte ich es für enorm wichtig, sich bei der Durchführung der Methodenveranstaltungen besonders viel didaktische Gedanken zu machen. Erstens sollten diese Veranstaltungen am besten von erfahrenen Forschern angeboten werden. Methoden lassen sich nur begrenzt aus dem Lehrbuch lernen. Umso wichtiger ist es, die theoretischen Ausführungen immer wieder mit Beispielen aus der eigenen Forschung anzureichern und so den Sinn des wissenschaftlichen Vorgehens offenzulegen. Das Gleiche gilt für die Methoden der Datenauswertung. Wenn es nicht gelingt, den Studierenden klar zu machen, wofür sie plötzlich Statistik brauchen, werden schon zu Beginn des Studiums viele Chancen verspielt. Zweitens erscheinen mir parallele Forschungsseminare bzw. -übungen unverzichtbar, in denen die Studierenden eigene empirische Untersuchungen planen und ggf. sogar durchführen. Nur wenn Studierende am Anfang ausgiebig Fehler machen dürfen und lernen, was funktioniert und was nicht, können hier Hemmungen ab- und Methodenkompetenz aufgebaut werden.

Wenn man sozialwissenschaftliche Methodenlehrbücher liest, begegnet einem häufig das Wort Methodologie. Was ist mit diesem Begriff gemeint?

Die Verwendung des Begriffs Methodologie ist ja nicht gerade einheitlich, sondern hängt auch immer ein wenig von der wissenschaftlichen Disziplin ab, die gerade darüber spricht. Ich verstehe darunter die Lehre von den wissenschaftlichen Methoden. Die Methodologie beschäftigt sich in diesem Verständnis vor allem damit, welche Methode zur Beantwortung welcher wissenschaftlichen Fragestellung geeignet ist. Um nicht im Status Quo verharren zu müssen, werden auch Regeln zur Weiterentwicklung von Methoden festgelegt. Die Methodologie ist also ein Teil der Wissenschaftstheorie.

Britta Wiessner ist CRM Managerin bei der Volkswagen Financial Services AG

Ich habe in Berlin den BA-Studiengang „Kommunikationswissenschaft" und in Amsterdam den MA-Studiengang „European Communication Studies" abgeschlossen. Methoden der empirischen Sozialforschung – zu Beginn meines Bachelor-Studiums hatte ich als nicht unbedingt erwiesener Mathematik-Fan den größten Respekt vor diesem Studienbereich. In den folgenden Semestern lernte ich ihn schätzen, immerhin bot er mir als Studentin die meisten Möglichkeiten, aktiv und von der Pike auf Forschung zu lernen und selbst zu betreiben. Plötzlich war ich in der Lage, selbständig eine Forschungsfrage zu formulieren, mein eigenes Forschungsdesign zu entwickeln – und am Ende meine selbst erhobenen Daten auszuwerten. Die sehr anwendungsbezogene Vermittlung der statistischen Inhalte hat mir dabei schnell die Scheu vor der Thematik genommen. Heute, ein Jahr nach Abschluss meines MA-Studiums, muss ich sagen, dass ich in meinem Beruf am meisten Berührungspunkte mit genau diesem Thema habe. Ich bin im Marketing tätig, im Bereich Customer Relationship Management (CRM), und habe eigentlich rein gar nichts mit empirischer Sozialforschung zu tun. Und dennoch: Man glaubt gar nicht, wie häufig man mit Daten und Auswertungen in Berührung gerät, die verstanden und interpretiert werden wollen. Wenn es beispielsweise um Marktforschungsstudien geht, ist es ungemein hilfreich, die Art der Erhebung und die Formulierung der Fragen dank des Methodenwissens nachvollziehen und hinterfragen zu können. Und zu wissen, wann ein Unterschied zwischen zwei Werten statistisch signifikant ist und wann man darauf aufbauende Interpretationen lieber unterlässt, hilft definitiv bei jeder Präsentation vor dem Management. Wenn ich also auch nicht aktiv Forschung betreibe, begleiten mich die Inhalte doch länger als gedacht und werden zu einem wichtigen Handwerkszeug in meinem beruflichen Alltag.

Wie Sie schon sagten, gibt es drei klassische Verfahren der Datenerhebung: die Befragung, die Beobachtung und die Inhaltsanalyse. Welche Rolle spielen diese Verfahren in der Kommunikationswissenschaft?

Eine enorme Rolle würde ich sagen. Versteht man wie Klaus Schönbach die Kommunikationswissenschaft als empirisch-analytisch orientierte Sozialwissenschaft, so baut ein Großteil der gesicherten Erkenntnisse des Faches auf genau diesen Methoden auf. Theorien werden in den Sozialwissenschaften nicht einfach akzeptiert, so lange sie nur plausibel, schlüssig oder logisch erscheinen, sondern vor allem dann, wenn sie auf Herz und Nieren geprüft worden sind. Der notwendige Abgleich zwischen wissenschaftlicher Theorie und sozialer Realität wird mithilfe dieser Methoden durchgeführt, also nach klaren Regeln. Dreht man die Perspektive um, so entstehen auch Theorien nicht einfach im luftleeren Raum. Geeignete Methoden können auch dazu eingesetzt werden, Theorien zu entwickeln.

Wenn Sie allerdings auf den Stellenwert der einzelnen Methoden innerhalb der Kommunikationswissenschaft hinaus wollten, dann lässt sich sagen, dass die Inhaltsanalyse als Methode eine genuine Entwicklung von Kommunikationswissenschaftlern ist. Die Befragung und die Beobachtung wurden von anderen Disziplinen maßgeblich mitentwickelt. Die Anwendung aller drei Erhebungsmethoden ist letztlich aus der Kommunikationswissenschaft nicht mehr wegzudenken.

Viele Studienanfänger der Kommunikationswissenschaft sind überrascht, dass sie – je nach Studienort – im Rahmen ihres Studiums auch statistische Auswertungsverfahren erlernen müssen und fragen sich, wozu sie sich mit Mathematik und Statistik im Studium auseinandersetzen sollen. Was sagen Sie in diesem Fall den Studienanfängern?

Diese Frage hatte ich mir zu Beginn meines Studiums selbst gestellt. Zumal mich Mathematik in der Schule – vorsichtig formuliert – herzlich wenig interessierte. Es geht aber bei dem, was wir lehren, nicht wirklich um Mathematik oder Statistik. Das Rechnen ist kein Selbstzweck. Es geht vielmehr darum, Erkenntnisse aus wissenschaftlichen Studien auf viele Menschen, beispielsweise die Bevölkerung eines Landes, übertragen zu können. Die entsprechenden Fertigkeiten auf dem Gebiet der Datenauswertung sind dabei einfach unverzichtbar. Wenn man sich darauf erst einmal einlässt und bemerkt, welchen Hebel man damit in der Hand hält, dann kann die ach so dröge Mathematik plötzlich sehr spannend werden. Warum wissen wir beispielsweise, was die Bevölkerung über Atomkraft denkt, obwohl wir nur ein paar hundert Bundesbürger befragen? Man muss sich immer

Methoden und Statistik

wieder klar machen, wozu Methoden und Statistik eigentlich gut sind. Sie stellen das Handwerkszeug dar, von dem sich Sozialwissenschaftler entweder bei der Theorieentwicklung inspirieren lassen oder mit dem sie vorhandene Theorien auf ihre Realitätsangemessenheit hin testen. Nur wenn Wissenschaftler dieses Handwerkszeug beherrschen, kann die Gesellschaft sich auf wissenschaftliche Aussagen verlassen. Mit anderen Worten: Würden Sie einem Handwerker vertrauen, der eine Schraube mit dem Hammer in der Wand befestigt?

Prof. Dr. Oliver Quiring ist Professor für Kommunikationswissenschaft am Institut für Publizistik der Johannes Gutenberg-Universität Mainz. Er hat an der Friedrich-Alexander Universität Erlangen-Nürnberg das Fach Sozialwissenschaften studiert.

Susanne Fengler (Dortmund) über Praxisanteile im Studium

Frau Prof. Fengler, wie würden Sie auf einer Bildungsmesse einem Abiturienten mit wenigen Worten beschreiben, worum es in den Dortmunder Bachelor- und Master-Studiengängen „Journalistik" geht?

Ziel der Studiengänge ist es, Journalistinnen und Journalisten auszubilden. Wir bieten jedes Jahr 50 Studienplätze an, auf die man sich nur bewerben kann, wenn man eine mindestens sechswöchige Hospitation in der Redaktion eines tagesaktuellen Mediums nachweisen kann. Die Dortmunder Journalistik-Studiengänge zeichnen sich allesamt durch ein besonders enges Theorie- und Praxiskonzept aus. Unsere Studierenden lernen bei uns das Handwerkzeug, das Journalisten in Zeitungen, in Agenturen, im Hörfunk, im Fernsehen und im Onlinejournalismus tagtäglich anwenden. Diese berufspraktische Ausbildung beginnt im Bachelor-Studiengang im zweiten und dritten Semester. Die Studierenden arbeiten in dieser Zeit in den Lehrredaktionen des Instituts für Journalistik mit. Das Studierendenmagazin „pflichtlektüre" wird beispielsweise von zwei Lehrredaktionen erstellt. Die eine Lehrredaktion verantwortet die Print-Ausgabe, die andere Lehrredaktion verantwortet das Online-Angebot (http://www.pflichtlektuere.com). Die Hörfunk-Lehrredaktion produziert die werktägliche Frühsendung „Toaster" und das Wissenschaftsmagazin „Ultraschall" des CampusRadios „eldoradio*", das in der Region auf UKW 93.0 MHz oder als Live-Stream im WWW empfangbar ist. Unsere Fernsehlehrredaktion „do1-TV" produziert Sendungen für den NRW-weiten TV-Lernsenders „nrwision". Die Mitarbeit in den Lehrredaktionen bereitet unsere Studierenden sehr gut auf ihr zwölfmonatiges, integriertes Volontariat in einem Medienbetrieb vor, dass sie im fünften und sechsten Semester absolvieren.

Sie bieten in Dortmund zudem zwei fachlich spezialisierende Bachelor- und Master-Studiengänge an: „Musikjournalismus" und „Wissenschaftsjournalismus". Was ist die Idee dieser beiden Studiengänge?

Wer sich für den Bachelor-Studiengang „Wissenschaftsjournalismus" einschreibt, der studiert in Kombination mit der „Journalistik" eines der folgenden Fächer: „Physik", „Biowissenschaften", „Medizin", „Maschinenbau", „Elektrotechnik" oder „Statistik". Zielsetzung des Studiengangs ist es, Journalistinnen und Journalisten auszubilden, die Nachrichten aus Wissenschaft und Technik anschaulich vermitteln und zugleich fachkritisch hinterfragen können.

Der Bachelor-Studiengang „Musikjournalismus" ist eine in Deutschland einzigartige Kooperation des Instituts für Musik und Musikwissenschaft und des Instituts für Journalistik und bietet eine fundierte musikalische und journalistische Ausbildung in Theorie und Praxis. Ein besonderer Schwerpunkt in diesem Studiengang ist die Vermittlung klassischer Musik. Die Studierenden lernen beispielsweise wie man Musikkritiken, Konzerteinführungen, Programmhefttexte oder Künstlerportraits verfasst.

Was ist der Unterschied zwischen einem Studium der Journalistik und einer Journalistenschule?

Im Gegensatz zu einem mehrjährigen Studium der „Journalistik" ist die Ausbilung an einer Journalistenschule in der Regel auf nur ein Jahr angelegt. Üblicherweise haben die Besucher von Journalistenschulen bereits ein Studium absolviert. In dem einen Jahr an einer Journalistenschule steht dann einzig und allein die Vermittlung des journalistischen Handwerkszeugs auf dem Programm. Ein Studium der Journalistik vermittelt neben dem journalistischen Handwerkzeug dagegen auch wissenschaftliche Grundlagen.

Praxisanteile im Studium können einerseits in berufspraktischen und andererseits in forschungspraktischen Lehrveranstaltungen vermittelt werden. Was ist der Unterschied zwischen einer berufspraktischen und einer forschungspraktischen Lehrveranstaltung?

In den berufspraktischen Lehrveranstaltungen vermitteln wir das Handwerkzeug des Journalismus. Im forschungspraktischen Lehrveranstaltungen führen wir gemeinsam mit unseren Studierenden kleine Forschungsprojekte durch. Diese studentischen Forschungsprojekte sind in der Regel in Forschungskontexte eingebettet, die uns in unserem Forschungsalltag an der Universität aktuell beschäftigen. Ich habe beispielsweise unlängst eine an ein EU-Projekt angelehnte forschungspraktische Lehrveranstaltung angeboten. In diesem EU-Projekt untersuchen wir die Frage, welche Einstellungen Journalisten in 13 europäischen und arabischen Ländern zur Medienselbstkontrolle im digitalen Zeitalter haben. Im Rahmen der Lehrveranstaltung habe ich gemeinsam mit den Studierenden eine Online-Befragung zu dieser Frage durchgeführt. Da wir unseren Studierenden zu Beginn des Studiums den Umgang mit den Methoden der empirischen Sozialforschung beibringen, hatten die Teilnehmerinnen und Teilnehmer meiner Lehrveranstaltung das nötige Rüstzeug, um dieses Forschungsprojekt konzipieren und durchführen zu können.

Können Sie kurz eine typische berufspraktische Lehrveranstaltung beschreiben?

Ein schönes Beispiel für eine typische berufspraktische Lehrveranstaltung ist sicherlich das Praxisseminar „Auslandsjournalismus", dass der ehemalige Moderator und Redaktionsleiter des ZDF-„heute-journals" hier in Dortmund geleitet hat. Herr Eser hat gemeinsam mit den Studierenden in der Region rund um Dortmund gedreht und in der Lehrredaktion das Moderieren geübt.

Prof. Dr. Susanne Fengler ist Professorin für internationalen Journalismus an der Technischen Universität Dortmund. Sie hat in Berlin und in New York die Fächer Publizistik- und Kommunikationswissenschaft sowie Theaterwissenschaft studiert.

Patrick Rössler (Erfurt) über Forschungsprojekte im Studium

Herr Prof. Rössler, auf der Homepage des Seminars für Medien- und Kommunikationswissenschaft der Universität Erfurt heißt es, Sie hätten ein „modernes Studienkonzept umgesetzt, das in mehrfacher Hinsicht einzigartig in Deutschland ist". Was macht den Erfurter Bachelor-Studiengang „Kommunikationswissenschaft" so einzigartig?

Zunächst einmal zeichnet den Bachelor-Studiengang aus, dass wir alle Studierenden auf Basis eines Gesprächs und eines Eignungstests auswählen. Es zählt in Erfurt natürlich auch die Abiturnote, aber die Qualifikationsprofile unserer Bewerber kommen bei der Auswahlentscheidung sehr viel stärker zum Tragen als das an vielen anderen Standorten der Fall ist. In diesem Zusammenhang sicherlich auch einzigartig ist, dass wir bei der Zulassung von Studierenden nicht an eine vorab festgelegte Zahl an Studienplätzen gebunden sind: Theoretisch könnten wir 20, 40 oder gar 100 Studierende zulassen. Entscheidend für unsere Zulassungsentscheidung ist jedoch einzig und allein die individuelle Qualifikation, nicht die Zahl der freien Studienplätze.

Ein weiteres Alleinstellungsmerkmal des Erfurter Bachelor-Studiengangs ist die einjährigen Projektstudienphase, in der die Studierenden jeweils aus sechs bis acht Mitgliedern bestehende Teams bilden, die im fünften und sechsten Semester intensiv von einem Professor betreut werden. In der Projektstudienphase lernen die Studierenden, wie man eine komplexe wissenschaftliche Fragestellung – in Kooperation mit einem Praxispartner – formuliert, wie man das bis dahin erworbene eigene theoretische und methodische Wissen auf diese Fragestellung anwendet, wie man eigenständig Daten erhebt und auswertet und wie man schlussendlich die eigene Projektarbeit dokumentiert und präsentiert. Mit der Projektarbeit erweitern die Studierenden ihre sozialen Fähigkeiten, weil wir von ihnen verlangen, dass sie sich selbst und als Team organisieren lernen, um die anfallende Arbeit gerecht untereinander aufzuteilen.

Wie würden Sie das Profil des Erfurter Studienprogramms in wenigen Worten beschreiben?

Obwohl das Seminar für Medien- und Kommunikationswissenschaft mit vier Professuren und einer Juniorprofessur zu den kleineren Standorten zählt, ist die Kommunikationswissenschaft in Erfurt mit der politischen, internationalen und interpersonalen Kommunikationsforschung sowie der Medienwirkungs- und Computerspieleforschung recht breit repräsentiert. Typisch für Erfurt ist, dass wir unseren Studierenden sehr viele Freiräume gewähren, was seit Jahren im sehr guten Ranking des Studiengangs zum Ausdruck kommt. Besonders erwähnenswert am Erfurter Studienprofil ist in meinen Augen noch der interdisziplinär ausgerichtete Master-Studiengang „Kinder- und Jugendmedien", den wir gemeinsam mit Kolleginnen und Kollegen aus der Pädagogik und Psychologie anbieten.

In ihrem Buch „Erfolgreich Kommunikationswissenschaft studieren" schreiben Hans Wagner und seine Mitautoren: „Studium heißt: Lesen, Probleme sehen, schreiben." Muss im Bachelor-Studium der Kommunikationswissenschaft, weil es vollgepackt ist mit Lerninhalten, auf das eigene Forschen verzichtet werden?

Nein, studentisches Forschen gehört unbedingt dazu! Wir haben uns in Erfurt ganz bewusst dafür entschieden, die Studierenden nur im ersten und zweiten Semester Klausuren schreiben zu lassen, um Freiräume für studentisches Forschen zu schaffen. Studentisches Forschen heißt natürlich nicht nur, eigenständig Daten erheben und auswerten zu können – auch Quellenarbeit u.ä. gehört dazu. Studentisches Forschen ist natürlich kein *anything goes*, vielmehr setzt es eine solide Forschungskompetenz voraus. Ich verstehe Forschungskompetenz als die Fähigkeit, systematisch und analytisch an ein Problem heranzugehen. Das nötige Handwerkszeug, um die eigene Forschung kompetent durchführen zu können, lernen die Studierenden insbesondere in der Methodenausbildung. Wie wichtig die Methodenausbildung im Bachelor-Studium ist, erklärt Oliver Quiring in seinem Interview „Methoden und Statistik" ja sehr eindrücklich.

Was fasziniert Sie persönlich an kommunikationswissenschaftlicher Forschung?

Mich hat schon immer der Facettenreichtum der Zugänge zu kommunikationswissenschaftlichen Phänomenen fasziniert. Dieser Facettenreichtum hat sicherlich damit zu tun, dass die Kommunikationswissenschaft – wie Klaus Schönbach es treffend in seinem einführenden Interview ausgedrückt hat – eine Integrationswissenschaft ist. Ich kann mich als Kommunikationswissenschaftler mit vertretbarem Aufwand in unterschiedliche Forschungsprogramme und deren Perspektiven einarbeiten. Die Interdisziplinarität der Kommunikationswissenschaft ermöglichte es mir, dass ich mich in meiner Laufbahn neben der politischen Kommunikationsforschung auch mit der Geschichte der Massenkommunikation oder den Methoden der Kommunikationswissenschaft wie beispielsweise der Inhaltsanalyse auseinandersetzen konnte.

Warum sollten Studierende wissen, wie der kommunikationswissenschaftliche Forschungsprozess funktioniert?

Ganz einfach: Zu wissen, wie der kommunikationswissenschaftliche Forschungsprozess funktioniert, qualifiziert unsere Studierenden für das Berufsleben! Die moderne Berufspraxis ist geprägt von projektorientiertem Arbeiten. Wenn die Studierenden gelernt haben, dass Projekte von A bis Z durchdacht sein wollen und sie gelernt haben, wie man Projekte durchführt, dann entlassen wir sie gut gerüstet in die Berufswelt. Projektorientiert arbeiten heißt – wie bereits gesagt – systematisch und analytisch an die Aufgabenstellung eines Projekts heranzugehen: Wie kann ich das Problem in Teilprobleme zerlegen, die von einzelnen Teammitgliedern erledigt werden können? Welche Arbeitsschritte stehen miteinander in Beziehung? Wer im Studium gelernt hat, wie man empirisch forscht, ist automatisch mit den Herausforderungen der projektorientierten Team-Arbeit vertraut und kennt vielleicht erste Lösungen zur erfolgreichen Bewältigung dieser Herausforderungen.

Was sind Ihrer Ansicht nach die notwendigen Voraussetzungen, wenn Studierende eigenständig forschen wollen?

In meinen Augen ganz wichtig ist die persönliche Neugier! Ich kenne keine Kollegen, die nicht ausgesprochen neugierig sind. Unter wissenschaftlicher Neugier verstehe ich die Motivation, sich mit Theorien und dem Stand der Forschung eigenständig auseinandersetzen zu wollen. Wissenschaftlich vorgehen heißt dann, kommunikationswissenschaftliche Phänomene mit Sorgfalt und nach anerkannten Regeln des wissenschaftlichen Arbeitens so zu erfassen und zu beschreiben, dass Dritte im Nachhinein nachvollziehen können, wie geforscht worden ist. Diese Art und Weise des wissenschaftlichen Vorgehens, das ständige Bemühen um die Annäherung an Objektivität, Nachvollziehbarkeit und Transparenz unterscheidet uns Sozialwissenschaftler vom eher interpretativen Vorgehen der Geisteswissenschaftler.

Wie lange dauert ein studentisches Forschungsprojekt? Und wann würden Sie es als gelungen bezeichnen?

Je nach Studienordnung dauern studentische Forschungsseminare ein oder zwei Semester. Bei einsemestrigen Lehrveranstaltungen wird der Schwerpunkt in der Regel entweder auf die Datenerhebung oder auf die Datenauswertung gelegt. Liegt der Schwerpunkt auf der Datenerhebung, stehen im studentischen Forschungsprojekt meistens die theoretisch begründete Formulierung der Forschungsfragen und die Entwicklung des

Untersuchungsinstruments – beispielsweise einen Fragebogen – im Mittelpunkt. Liegt der Schwerpunkt auf der Datenauswertung, kümmern sich die Studierenden vor allem um Aspekte der Datenaufbereitung, Datenanalyse und Ergebnispräsentation. Bei zweisemestrigen Lehrveranstaltungen können hingegen beide Schwerpunkte hinreichend berücksichtigt werden, wodurch die Studierenden den Forschungsprozess von A bis Z kennenlernen. Drei Dinge machen für mich ein gelungenes studentisches Forschungsprojekt aus. Erstens ist es wichtig, dass die Team-Arbeit geklappt hat und das Projekt von allen Team-Mitgliedern als Erfolg gesehen wird. Man darf sich hier nichts vormachen: Team-Arbeit bringt immer auch Meinungsverschiedenheiten mit sich und es ist die soziale Verantwortung aller Team-Mitglieder, so miteinander umzugehen, dass niemand das Gefühl hat, benachteiligt oder unfair behandelt zu werden. Zweitens und ganz simpel: Das Projekt muss fertig sein. Ein studentisches Forschungsprojekt kann erst dann als gelungen gelten, wenn die Studierenden es geschafft haben, das Projekt fristgerecht fertigzustellen. Drittens entscheidet letztlich natürlich die wissenschaftliche Qualität des Forschungsprojekts darüber, welches studentische Forschungprojekt als gelungen gelten darf und mit einer sehr guten Note belohnt wird.

Welches studentische Forschungsprojekt haben Sie zuletzt betreut?

Das war eine Pionierstudie über „Social Navigation", die Veränderung von Aufmerksamkeitsstrukturen durch Hinweise anderer Nutzer und *Footprints* im Netz. Die Studierenden haben hierzu – unterstützt von der Thüringer Landesmedienanstalt (TLM) – ein Mehrmethoden-Design durchgeführt, das von der Fachgruppe Methoden der Deutschen Gesellschaft für Publizistik- und Kommunikationswissenschaft kürzlich mit dem Lazarsfeld-Stipendium preisgekrönt wurde. Auch ein Vortrag auf der International Communication Association-Tagung im Jahr 2012 ist bereits angenommen, und wenn es klappt, werden wir die Studie bald als Buch publizieren.

 Prof. Dr. Patrick Rössler ist für Professor für Kommunikationswissenschaft mit dem Schwerpunkt Empirische Kommunikationsforschung/Methoden an der Universität Erfurt. Er hat an der Johannes Gutenberg-Universität Mainz die Fächer Kommunikationswissenschaft, Jura und Politikwissenschaft studiert.

Steffen Burkhardt (Hamburg) über Praktika

Herr Dr. Burkhardt, die Universität Hamburg bietet mehrere Studiengänge zu Medien, Journalismus und Kommunikation an. Wie werben Sie vor Studieninteressierten für Ihre Angebote?

Hamburg hat als Medienmetropole eine große Anziehungskraft, aber deutlich weniger Studienplätze als Bewerberinnen und Bewerber. Die Universität bekommt für ihren Bachelor-Studiengang „Medien- und Kommunikationswissenschaft" jährlich weit über 3.000 Bewerbungen – für knapp 40 Plätze. Die Master-Studiengänge „Journalistik und Kommunikationswissenschaft", „Journalism, Media & Globalisation" und „Medienwissenschaft" sind ebenfalls begehrt, haben aber ein noch begrenzteres Kontingent. Daher werben wir seit langem vor allem bei der Stadt, die Anzahl der Studienplätze an der Universität Hamburg aufzustocken. Medienstudiengänge brauchen eine kritische Größe, um eine breite Ausbildung auf der Höhe der Zeit in unterschiedlichen Mediensparten und Forschungsfeldern zu garantieren. Zusätzlich zu den universitären Ausbildungsinhalten bieten wir am Lehrstuhl Journalistik und Kommunikationswissenschaft unseren Studierenden internationale Praktika und Austauschprogramme an, weil wir die Auffassung vertreten, dass Medienöffentlichkeiten über den nationalen Tellerrand hinaus verstanden werden müssen.

Bleiben wir bei diesen internationalen Praxiserfahrungen. Inwiefern profitieren Studierende von diesem Blick über den nationalen Tellerrand?

Wer die Vor- und Nachteile des Mediensystems und der Medienausbildung im Ausland nicht nur aus Lehrbüchern kennt, kann sich kritischer mit dem Berufsfeld und seiner gesellschaftlichen Bedeutung in Deutschland auseinandersetzen. Wir haben dafür an der Universität Hamburg mehrere internationale Medienprogramme ins Leben gerufen, die wir im International Media Center Hamburg (IMCH) gebündelt haben: ein Deutsch-Afrikanisches Medienprogramm mit Kooperationspartnern in Ost- und Südafrika, ein Deutsch-Asiatisches Medienprogramm mit Fokus China, ein Deutsch-Lateinamerikanisches, ein Deutsch-Russisches und ein Deutsch-US-Amerikanisches Medienprogramm. In den einzelnen Programmsparten vergeben wir Stipendien an Studierende, die im Ausland Erfahrungen sammeln wollen. Durch Kooperationsverträge mit erstklassigen Universitäten in den Gastländern können wir unsere Studierenden in Redaktionen im Ausland unterbringen und umgekehrt, auch den Nachwuchs unserer Kooperationspartner in deutschen Medienhäusern platzieren.

Sprechen wir über die Bedeutung von Praktika während des Studiums der Kommunikationswissenschaft. Gibt es eine Generation Praktikum unter den Studierenden der Kommunikationswissenschaft? Oder ist das nur eine von den Massenmedien angeheizte Debatte?

Die Generation Praktikum gibt es in Deutschland; das ist ausnahmsweise keine Mediendebatte. Hier muss man nur in einige Nachbarländer schauen, um zu verstehen, wie der Nachwuchs – übrigens nicht nur in Kommunikationsberufen – teilweise verheizt wird. In der Schweiz zum Beispiel erhalten Praktikantinnen und Praktikanten in Redaktionen ein anständiges Gehalt, das in etwa dem eines Jungredakteurs hierzulande entspricht. In den skandinavischen Ländern ist das ähnlich. Die Praktikumsinhalte sind ebenso systematisiert wie das Feedback, das die Studierenden von den Redaktionen bekommen. Einmal abgesehen von den finanziellen Rahmenbedingungen, die im Journalismus nicht selten unanständig sind, hat sich bei den Hospitationen in den vergangenen Jahren zumindest viel Positives getan. Die Medien haben begriffen, dass Klasse statt Masse zählt und suchen sich gezielter ihre Praktikanten aus – und tun viel, um gute Leute trotz Sparmaßnahmen an sich zu binden. Wir kommunizieren den Verlagen, Sendern, Agenturen und Forschungsinstituten, an die wir Praktikanten vermitteln, daher zwei Spielregeln: Erstens sind unsere Studierenden junge Kollegen und Kolleginnen, die ihre Praktika als Ausbildungsstationen verstehen und professionell eingesetzt werden sollen. Zweitens vermitteln wir sie nur unter der Voraussetzung, dass sie ein standardisiertes Feedback erhalten, für das wir einen Fragenkatalog mit Selbst- und Fremdeinschätzung zur Verfügung stellen. So nehmen die Studierenden in jedem Fall eine intensive Bewertung ihrer praktischen Kompetenzen aus dieser Arbeitsphase mit. Das Feedback wird auch von uns ausgewertet, um unser Studienangebot kontinuierlich weiterzuentwickeln. Die Evaluation von Praktika gibt uns auch die Möglichkeit, unser Lehrangebot zu optimieren, bevor die Studierenden die Uni verlassen haben.

Was können und vor allem sollten Studierende der Kommunikationswissenschaft von einem Praktikum in den Medien für sich und ihr Studium erwarten?

Die Lernergebnisse eines Praktikums hängen maßgeblich von der Auseinandersetzung der Studierenden mit ihren Erwartungen an die Praxisphase ab und einer daraus resultierenden Praktikumswahl und -vorbereitung. Häufig werden die Studierenden nicht ausreichend bei einer sinnvollen Praktikumsplanung unterstützt und sammeln wie wild irgendwelche namhaften Praxisstationen zusammen, die als Referenzen hübsch im Lebenslauf anzusehen sind, ihnen aber keinen Job bringen. Ein Beispiel: Wenn Sie einen noch so klugen Erstsemester als Journalismus-Frischling ins ARD-Studio nach Washington D.C. vermitteln, ist das Perlen vor die Säue. Der Erstsemester kann außer ein paar Zuarbeiten nicht viel machen und auch der Sender hat nicht viel von ihm. Ergo haben Sie zwei Probleme: Ihr Student kriegt keinen Job im ARD-Studio und Sie brauchen da nie wieder anrufen, um einen Studenten zu empfehlen. Wir haben viele Studierende dabei unterstützt, in Lohn und Brot zu kommen, und zwar auch in öffentlich-rechtlichen Auslandsstudios, weil wir ihnen individuelle Praktikumsfahrpläne erstellt haben, die ihr Studium systematisch ergänzten. Dabei müssen immer die individuellen Kompetenzen und Interessen der Studierenden berücksichtigt werden.

Ab welchem Semester sollte man anfangen, sich um einen Praktikumsplatz zu bemühen?

Wir empfehlen, dass die Studierenden sich zu Beginn ihres Bachelor-Studiums und zu Beginn ihres Master-Studiums einen Praktikumsfahrplan erarbeiten, um sich frühzeitig in punkto Kompetenzerwerb aufeinander aufbauende Plätze in Redaktionen, Agenturen oder auch Forschungseinrichtungen zu sichern. Entscheidend ist, dass die Studierenden am Beginn ihres Studiums gut beraten werden. Eine zielführende Praktikumsberatung setzt voraus, dass sich die Verantwortlichen intensiv und systematisch mit dem eigenen Studienangebot sowie mit den Interessen und Lernfortschritten der Studierenden auseinandersetzen. Dabei muss man natürlich auch als Lehrender seine eigene Beratungsleistung immer wieder hinterfragen. Das ist eine intensive Arbeit, die ich aber für das A und O einer hochschulgebundenen Medienausbildung halte.

Worauf sollten Studenten der Kommunikationswissenschaft bei der Zusammenstellung ihrer Praktika achten?

Grundsätzlich sollten sich die Studierenden vor ihrer Praktikumswahl entschieden haben, ob sie Kompetenzen für eine Karriere im Journalismus, in der Medienforschung, im Medienmanagement oder im Kommunikationsmanagement erwerben wollen. Idealerweise ist diese Entscheidung im Rahmen von Vorstudien-Praktika, die an vielen Hochschulen wie der Universität Hamburg obligatorisch sind, bereits gefallen. Sollte sie noch nicht gefallen sein, wird es höchste Zeit, sich im ersten und zweiten Semester intensiv darüber Gedanken zu machen. Leute mit Wischiwaschi-Profilen tummeln sich in der Medienbranche genug – ein bisschen über Medien faseln, ein bisschen PR und ein bisschen Journalismus machen. Auch im

Sinne ihrer eigenen Profilbildung sollten die Hochschulinstitute darauf achten, dass sie Studierende ausbilden, die erstklassige Kompetenzen in einem kommunikationswissenschaftlich fundierten Berufsfeld haben. Unser Master-Studiengang „Journalistik und Kommunikationswissenschaft" bildet beispielsweise explizit keine PR-Fachkräfte aus, weil er ausschließlich auf Journalismus und Kommunikationsforschung zugeschnitten ist. Studienbewerber, die in die Öffentlichkeitsarbeit möchten, lehnen wir ab, weil dieses Studienangebot nicht für sie konzipiert worden ist. Wer einmal die Entscheidung getroffen hat, in welchem Berufszweig er sich spezialisieren möchte, sollte idealerweise mehrere Praktikumsstationen einplanen, sofern es der eigene Studienverlaufsplan und die individuelle finanzielle Situation zulassen. Zunächst (a) eine Station, bei der er grundlegende Arbeitsabläufe verinnerlichen kann, dann (b) eine Station, bei der er Spezialkenntnisse zu ausgewählten Arbeitsmethoden erwerben kann und am besten (c) gegen Ende des Studiums eine oder zwei Stationen, bei denen er seine Fähigkeiten bei potentiellen Arbeitgebern unter Beweis stellen kann. Für eine Studentin, die gerne als Journalistin mit dem Traumjob Auslandskorrespondentin bei einem Fernsehsender werden möchte, könnte das so aussehen: Sie macht (a) zunächst ein Praktikum im Lokalbüro einer Nachrichtenagentur in einer mittelgroßen Stadt. Dort kann sie viel produzieren und lernt das routinierte Schreiben von Nachrichten im Agenturstil. Sie lernt dort in Ergänzung zu ihrem Studium sprachliche und ethische Regeln für einen nachrichtlichen Journalismus, der auch den Auslandsjournalismus der öffentlich-rechtlichen Sender prägt. Ihr nächstes Praktikum macht sie (b) am Studienort in einem Regionalstudio eines größeren Fernsehsenders. Dort wird sie wahrscheinlich mehr produzieren können als in den Senderzentralen und wahrscheinlich wird man sich mehr Zeit nehmen können, um ihr Hilfestellungen und Feedback zu ihren Fernsehbeiträgen zu geben. Einem Praktikum bei einem Fernsehsender sollte idealerweise eine Videojournalisten-Ausbildung im Studium vorausgegangen sein, damit die Studentin auf ein technisches und narratives Grundwissen für das audiovisuelle Berichten zurückgreifen kann. Hier sind die Hochschulen gefordert, Studien- und Praktikumspläne aufeinander abzustimmen. Vor einem Praktikum bei einem Bürgerkanal oder TV-Lokalsender sollte sich die Studentin umfassend informieren, ob sie dort ausreichend professionelles Feedback bekommen kann. Optimalerweise hat sich die Studentin durch ihr Praktikum beim Regionalstudio in der Nähe ihres Studienorts für eine freie Mitarbeit qualifiziert und kann parallel zum Studium für dieses Studio arbeiten, Geld verdienen sowie ihre Arbeitserfahrungen ausbauen und routinieren. Mit dieser Praxiskompetenz ausgerüstet kann sie sich dann (c) für Hospitationen in den Auslandsstudios bewerben, die für sie als Arbeitgeber in Frage kommen – entsprechende Fach-, Sach-, Sprach- und Landeskenntnisse vorausgesetzt. Dieses Beispiel lässt sich natürlich nicht eins zu eins auf die anderen eingangs genannten Berufsfelder übertragen.

Was halten Sie davon, dass viele Bachelor-Absolventen der Kommunikationswissenschaft oft ein Jahr lang Praktika machen und anschließend sich für ein Master-Studium einschreiben?

Dagegen spricht grundsätzlich nichts. Niemand lernt in einem Praktikum, was er oder sie in einem Master-Studium lernt. Und umgekehrt gilt natürlich auch: Niemand lernt in einem Master-Studium, was er in einem Praktikum lernt. Ganz ehrlich, ich stelle mir ein Social-Media-Praktikum im Berliner Wahlkampf-Team einer großen Partei vor einer Bundestagswahl lehrreicher vor als die PR-Ausbildung im Bereich soziale Medien an einer Hochschule. Ich würde auch jemanden, der in den Online-Journalismus möchte und die Chance hat, beim Spiegel-Verlag einen interaktiven IPTV-Kanal in einer Entwicklungsredaktion mit zu erarbeiten, zunächst eher zum Praktikum als zum Studium bei uns raten. Zu einem späteren Zeitpunkt kann man immer noch studieren und sich umfassendere Fach-, Sach- und Vermittlungskompetenzen sowie Reflektionswissen über das Berufsfeld aneignen. Diese Schlüsselkompetenzen des kommunikationswissenschaftlichen Studiums sind – aus einer funktionalen Perspektive – gerade für die Medienpraxis unerlässlich, da sie die kritische Distanz der Berichterstatter zu ihren Objekten schulen und die Bedingungen gesellschaftlicher Kommunikation besser verstehen lassen. Daher empfehlen wir in den meisten Beratungsgesprächen mit Bachelor-Studierenden, die in den Journalismus wollen, dass sie mit einem Master-Abschluss in der Tasche die Uni verlassen. Meistens kommen sie erst in ihrem Master-Studium dazu, neben den journalistischen Schlüsselkompetenzen internationale Erfahrungen zu erwerben, die ihr Wissen über Journalismus unter den Bedingungen der Globalisierung und neuer Medienöffentlichkeiten ausreichend vertiefen. Internationale Kontakte und Kompetenzen werden im Journalismus auch beim Berufseinstieg gefragter, weil sich zunehmend mehr nationale und auch lokale Phänomene nur im internationalen Kontext verstehen lassen.

Haben Absolventen der Kommunikationswissenschaft, die besonders viele Praktika gemacht haben, Ihrer Meinung nach bessere Berufschancen?

Für den Journalismus kann ich sagen, dass Absolventinnen und Absolventen der Kommunikationswissenschaft gute Chancen am Arbeitsmarkt haben, wenn sie die über folgende Kompetenzen verfügen: eine hervorragende Allgemeinbildung, umfassende journalistische Fachkenntnisse, sehr gute Sachkenntnisse und Kontakte in einem für ihr Arbeitsgebiet relevanten Ressort, Recherchekompetenz und ausgezeichnete journalistische Vermittlungskompetenzen in der Mediengattung, in der sie arbeiten wollen (nachzuweisen durch entsprechende Medienprodukte), soziale Kompetenzen inklusive tadellosen Umgangsformen und eine sichtbare Begeisterung für den Journalismus und die ressortspezifischen Themen. Ob die Fach- und Vermittlungskompetenzen in Praktika oder in Lehrveranstaltungen erworben wurde, ist den Medienunternehmen relativ egal.

In der Öffentlichkeitsarbeit und in der Medienforschung sind ähnliche Schlüsselkompetenzen wie im Journalismus gefordert, wobei jedoch ausgezeichnete methodische Kenntnisse des Medien- oder Kommunikationsmanagements bzw. der Medienforschung statt journalistischen Fach-und Vermittlungskenntnissen gefragt sind. Ohne Praktika fehlt den theoretischen Kenntnissen der Studierenden meistens der berufspraktische Bezug. Man kann daher sagen, dass für Studierende ohne Praktikumserfahrung die Chancen auf einen Einstieg in Kommunikations- und Medienberufe sicherlich etwas geringer ausfallen. Praktika dienen erstens dem Erwerb von zusätzlichen Kompetenzen und sind zweitens Chancen, möglichen Arbeitgeberinnen und Arbeitgebern die erworbenen Kompetenzen und die persönliche Qualifikation für den Beruf zu demonstrieren. Wichtig ist nur, dass Studierende diese beiden Funktionen unterscheiden und sich überlegen, wann die Zeit reif ist, bei welchem Arbeitgeber ihren Hut in den Ring zu werfen.

Dr. Steffen Burkhardt ist Direktor des International Media Center Hamburg (IMCH) der Universität Hamburg. Er hat an der Universität Hamburg das Fach Kommunikationswissenschaft studiert.

Peter Vorderer (Mannheim) über das Studium im Ausland

Herr Prof. Vorderer, Sie bieten an der Universität Mannheim sowohl einen Bachelor- als auch Master-Studiengang „Medien- und Kommunikationswissenschaft" an. Auf der Homepage des Seminars für Medien- und Kommunikationswissenschaft werden Studieninteressierte explizit darauf aufmerksam gemacht, dass die Ausbildung in qualitativen und quantitativen Methoden der Medien- und Kommunikationsforschung ein thematischer Schwerpunkt des Bachelor-Studiums sei. Wie schlägt sich dieser Schwerpunkt im Lehrangebot nieder?

Die Methodenausbildung in Mannheim zeichnet sich vor allem dadurch aus, dass man sich als Studierender nicht zwischen dem qualitativen und dem quantitativen Methodenhandwerk entscheiden kann und muss. Es gehört beides zur Plicht. Die Studierenden lernen bei uns folglich nicht nur, wie man sozialwissenschaftliche Experimente oder Befragungen durchführt. Sie lernen auch, wie man die Verfahren der qualitativen Film- und Fernsehanalyse sinnvoll einsetzt.

In einem Satz gefragt: Warum in Mannheim „Medien- und Kommunikationswissenschaft" studieren?

Ich denke, es lohnt sich, in Mannheim zu studieren, weil wir derzeit in Deutschland das interessanteste Studienangebot im Fach anbieten. Die Kombination aus sozialwissenschaftlichen und kulturwissenschaftlichen Lehrveranstaltungen verleiht unseren Studiengängen sicherlich ein ganz besonderes Profil.

Sie haben die USA sowohl als Student als auch als Professor kennengelernt. Neben den USA kennen Sie die Niederlande sehr gut, weil Sie dort ebenfalls als Professor gearbeitet haben. Worin unterscheidet sich das Studium der Kommunikationswissenschaft in diesen Ländern vom Studium in Deutschland?

Das Bachelor-Studium in den USA dauert vier Jahre, in Europa dauert es in der Regel drei Jahre. Anders als in Europa ist das Anspruchsniveau in einem amerikanischen Bachelor-Studiengang nicht immer einheitlich. In den USA gibt es sowohl Lehrveranstaltungen auf den Niveau der gymnasialen Oberstufe als auch auf Universitätsniveau. Aufgrund dieser für europäische Verhältnisse ungewöhnlichen Vermischung der Leistungsniveaus steht der nur dreijährige Bachelor-Studiengang in Deutschland einem vierjährigen amerikanischen Bachelor-Studiengang in Nichts nach.

Ein weiterer Unterschied zwischen den USA und Europa ist die Funktion des Master-Studiengangs. In Europa ist der akademische Qualifikationsschritt nach dem Bachelor-Studium der Master-Abschluss. Im Gegensatz zu Europa werden die Master-Studiengänge in den USA von Berufstätigen besucht, die nach Feierabend in Abendkursen eine akademische Zusatzqualifikation erwerben.

Wer in den USA seinen Doktortitel machen möchte, schreibt sich nach dem Bachelor-Studium für ein drei- bis fünfjähriges Doktorstudium ein. Ein Doktorstudium setzt natürlich eine überdurchschnittliche Bachelor-Note voraus. In Europa muss man dagegen einen Master-Abschluss haben, um promovieren zu können. Während man in den USA in der Promotionsphase noch Student ist und weiterhin Lehrveranstaltungen besucht, ist es in Deutschland so, dass die meisten Promovenden an der Universität arbeiten, selbst bereits Studierende unterrichten und die Professoren in deren Arbeit unterstützen. Sehr häufig müssen die Promovenden in Deutschland aufgrund ihrer Arbeitsbelastung ihre Doktorarbeit in ihrer Freizeit schreiben. In den Niederlanden funktioniert die Promotion wiederum ganz anders. Dort ist es meistens so, dass Master-Absolventen sich auf Stellen in Projekten bewerben, die der Professor eingeworben hat. Niederländische Promovenden erwerben ihren Doktortitel häufig im Rahmen eines vom Professor initiierten Projekts.

Was spricht für ein Studium im Ausland?

Ein Auslandsstudium lohnt immer! Egal wo, man lernt immer eine neue Kultur, eine neue Perspektive kennen. Im englischsprachigen Ausland kommt dann noch hinzu, dass man vor Ort die lingua franca der Wissenschaft spricht. Daher rate ich stets zu einem Studium im englischsprachigen Ausland. Erste Wahl sollte die USA sein. Es ist aber natürlich genau so gut möglich, Kommunikationswissenschaft in Großbritannien oder Kanada zu studieren.

Kann man jedes Land für ein Studium der Kommunikationswissenschaft empfehlen? Ist Kommunikationswissenschaft überall das Gleiche?

Nein, das ist es nicht. In Deutschland beispielsweise konzentriert man sich in der Kommunikationswissenschaft häufig auf die Analyse und Untersuchung der Öffentlichkeit. Die Frage, wie eine Theorie der Öffentlichkeit auszusehen hat, wird außerhalb von Deutschland weniger diskutiert. Da allein schon der Untersuchungsgegenstand der Kommunikationswissenschaft, die öffentliche Kommunikation, immer in national regulierte Mediensysteme eingebettet ist, kann Kommunikationswissenschaft per se nicht überall das Gleiche sein. Die Mediensystemunterschiede sind aber nur das Eine.

> **Jil Fitzner studiert im Master-Studiengang „Communication Science" an der Universität von Amsterdam**
> Germany, Netherlands – same difference? Naja, nicht ganz. Zwar habe ich in meinem Studium einerseits große Übereinstimmungen im Inhalt, aber anderseits aber auch einige Unterschiede in Studienorganisation und -kultur der beiden Systeme kennengelernt. Eine breite Spanne unterschiedlicher Zugänge zur Kommunikationswissenschaft gibt es sowohl in Deutschland als auch in den Niederlanden. Vergleicht man jedoch die Forschung zu einem spezifischen Thema, haben die Zitationszirkel große Schnittmengen. Deutlichere Unterschiede spüre ich hingegen in Bezug auf die Organisation: Trennung von Forschung und Lehre in Amsterdam statt Humboldtsches Ideal; wenige Präsenzveranstaltungen und fachliche Diskussionen, dafür mehr Hausarbeiten und Essays. Die Bewertung dieses Rahmens ist wohl sehr individuell – was dem einen die willkommene Freiheit, ist dem anderen das vergrauste Einzelkämpfertum. Hilfreich bei der Vorbereitung eines Studiums sind daher Erfahrungsberichte oder Gespräche mit anderen Studenten, um herauszufinden, ob nicht nur die Inhalte, sondern auch die Bedingungen am Studienort zu den eigenen Zielen und dem Lerntyp passen.

Hinzu kommen die Unterschiede zwischen den länderspezifischen Fachkulturen. In Deutschland ist die Kommunikationswissenschaft als sozialwissenschaftliche Disziplin aus der Zeitungs- und Publizistikwissenschaft entstanden. Französische Kommunikationswissenschaftler interessieren sich im Gegensatz zu ihren deutschen Kolleginnen und Kollegen aber auch sehr stark für die Sinnvermittlung durch Kommunikation, für die Teilung von Bedeutungen. Während in Deutschland vor allem sozialwissenschaftliche Theorien herangezogen werden, um Prozesse öffentlicher Kommunikation zu untersuchen, bedient man sich in Frankreich bei der Untersuchung von Sinnvermittlung durch Kommunikation sehr stark auch sprachphilosophischer und anthropologischer Theorien.

Das Beispiel zeigt, dass man nicht allein persönliche oder touristische Aspekte im Auge haben sollte, wenn man ein Auslandsstudium plant. Es ist wichtig, sich vorab auch über die Fachkultur vor Ort zu informieren. Mit der Fachkultur geht nämlich häufig auch die Frage einher, ob die Lehrveranstaltungen vor Ort an der Heimatuniversität angerechnet werden.

Anja Peiffer studiert im Master-Studiengang „Kommunikationsmanagement und Kommunikationsforschung" an der Universität Zürich

Ich stimme Herrn Vorderer zu, dass sich ein Auslandsstudium immer lohnt. Das gilt sowohl für meinen Erasmus-Aufenthalt in Frankreich als auch für den Master in Zürich. Und natürlich: Ohne Englisch geht es nicht. Aber: Als erstes Ziel die USA anzusteuern, klingt zwar prima. Das möchten jedoch so viele Studierende, dass die Programme stark selektieren müssen. Und ein Semester in den USA aus eigener Tasche zu finanzieren, kann sich eben auch nicht jeder leisten. Fachliche Unterschiede sind in meinen Augen keineswegs alles, worauf es ankommt. Ich bin ich überzeugt, dass man aus einem Auslandsemester für sich selbst besonders viel herausholen kann, wenn man sich richtig darauf einlässt. Und das kann man am besten, wenn man sich für die Kultur, die Sprache, das Land – also doch die „touristischen" Aspekte – begeistert. Schließlich wollen ja nicht alle in der Wissenschaft bleiben. Bislang habe ich auf der Suche nach Nebenjobs und Praktika in der freien Wirtschaft eines gelernt: Mit gutem Englisch allein sticht man längst keine Mitbewerber mehr aus. Noch eine weitere Sprache sicher zu beherrschen, das fällt dem Personaler auf! Gerade hier in der Schweiz sind Französisch oder Italienisch natürlich unheimlich wichtig.

Das Bachelor-Studium umfasst sechs Semester. In den ersten Semestern lernt man die Grundlagen, dann beginnen alsbald die Profilbildungen und Schwerpunktsetzungen in vielen Studiengängen und spätestens ab dem Ende des fünften Semesters denkt man mehr und mehr über die Bachelor-Arbeit nach. Gibt es überhaupt einen idealen Zeitpunkt, um ins Ausland zu gehen?

Ich denke, dass im Bachelor-Studium der beste Zeitpunkt dafür das fünfte Semester ist. Das hängt natürlich aber immer von der Organisation und Struktur des Heimatstudiengangs ab. Aus Sicht der Studierenden ist es sicherlich am einfachsten im Ausland zu studieren, wenn ihre Hei-

Auslandsstudium

matuniversität über Partneruniversitäten verfügt und es ein organisiertes Austauschsprogramm gibt.

Prof. Dr. Peter Vorderer ist Professor für Medien- und Kommunikationswissenschaft an der Universität Mannheim. Er hat in Heidelberg, Mannheim, New York (NYU) und Michigan (Ann Arbor) die Fächer Psychologie und Soziologie studiert.

Christina Holtz-Bacha (Erlangen-Nürnberg) über Abschlussarbeiten

Frau Prof. Holtz-Bacha, die Friedrich-Alexander-Universität Erlangen-Nürnberg bietet die Kommunikationswissenschaft nicht als eigenständigen Studiengang an. Stattdessen werden in den Bachelor-Studiengängen „Sozialökonomik" und „Wirtschaftswissenschaften" sowie in mehreren Master-Studiengängen kommunikationswissenschaftliche Lehrveranstaltungen zur Vertiefung angeboten. Was sind das für vertiefende Lehrveranstaltungen?

Wie Sie richtig sagen, bietet der Lehrstuhl Kommunikationswissenschaft, der zum Fachbereich Wirtschaftswissenschaften gehört, in einer Vielzahl von Bachelor- und Master-Studiengängen kommunikationswissenschaftliche Lehrveranstaltungen an. Beispielsweise besuchen die Studierenden des Bachelor-Studiengangs „Sozialökonomik (Schwerpunkt Verhaltenswissenschaften)" im Kernbereich eine Lehrveranstaltung namens „Grundzüge der Kommunikationswissenschaft" mit begleitendem Tutorium. Außerdem kann man in diesem Bachelor-Studiengang zur Vertiefung u.a. eine Lehrveranstaltung mit dem Titel „Einführung in das Mediensystem" besuchen. Im Master-Studiengang „Marketing" bieten wir beispielsweise ein Seminar zur strategischen Kommunikation an. Im Master-Studiengang „Buchwissenschaft" ist mein Lehrstuhl zudem für die Lehrveranstaltung „Kommunikationswissenschaftliche Methoden und Methoden der empirischen Kommunikationsforschung" verantwortlich. Die von mir genannten Lehrveranstaltungen sind aber letztlich nur eine Auswahl der kommunikationswissenschaftlichen Lehrveranstaltungen, die wir am Fachbereich Wirtschaftswissenschaften anbieten.

Sprechen wir über kommunikationswissenschaftliche Abschlussarbeiten. Was ist der Unterschied zwischen einer Bachelor-Arbeit und einer Master-Arbeit?

Fangen wir doch erst einmal mit den Gemeinsamkeiten an: Mit der Bachelor- und der Master-Arbeit sollen die Studierenden nachweisen, dass sie imstande sind, innerhalb einer vorgegebenen Frist ein Problem selbstständig nach wissenschaftlichen Methoden zu bearbeiten und die Ergebnisse sachgerecht darzustellen. Eine Bachelor-Arbeit unterscheidet sich von einer Master-Arbeit dadurch, dass ihr Umfang sehr viel geringer ist. Damit einher geht, dass eine Bachelor-Arbeit in einer kürzeren Zeit angefertigt werden muss als eine Master-Arbeit. Eine Bachelor-Arbeit umfasst bei uns in Nürnberg rund 40 Seiten. Die hiesige Bachelor-Prüfungsordnung sieht einen Zeitraum von neun Wochen vor, in dem diese 40 Seiten anzufertigen sind. Ein weiterer Unterschied ist, dass die Note der Bachelor-Arbeit einen geringeren Anteil an der Gesamtnote des Studiums ausmacht als die Master-Arbeit. Alle, die bei uns ihre Abschlussarbeit schreiben, werden außerdem in einem sogenannten formalen Kolloquium noch mit Hinweisen zur korrekten Gestaltung versorgt, denn viele BA-Studierende haben wenig bis keine Erfahrung mit schriftlichen Arbeiten.

Wie kommen die Studierenden zu den Themen ihrer Bachelor-Arbeiten?

Das kann man nicht pauschal beantworten, denn das ist von Lehrstuhl zu Lehrstuhl an jeder Universität unterschiedlich. Es gibt beispielsweise Lehrstühle, die veröffentlichen Themenlisten, aus denen sich die Studierenden dann ein Thema aussuchen können. Bei großer Nachfrage ist es nicht unüblich, dass die Studierenden nur Themenpräferenzen angeben dürfen und ihnen das Thema der Bachelor-Arbeit schlicht zugeteilt wird. An meinem Lehrstuhl gibt es ebenfalls eine Themenliste, aber wir freuen uns auch über Themenvorschläge von Studierenden. Manchmal kommen auch Studierende zu uns, die keine rechte Vorstellung davon haben, welche Themenstellung sie im Rahmen ihrer Bachelor-Arbeit bearbeiten sollen. Diese Studierenden fragen wir dann, welche Themengebiete sie im Studium am meisten interessiert hat und welche Methodenkenntnisse sie haben. Durch den Dialog finden wir dann in der Regel auch für diese Studierenden ein geeignetes Thema.

Wie lauteten die Themen der letzten drei Bachelor-Arbeiten, die Sie persönlich betreut haben?

Die letzten drei Bachelor-Arbeiten, die ich betreut habe, stammen alle aus dem Bereich der Werbeforschung. Die Themen lauteten: „Humor in der Werbung", „Humor in politischer Negativwerbung" und „Sex-Appeal in der Werbung".

In welchem Semester beginnt man mit der Planung, wie viel Zeit hat man in der Regel für das Anfertigen einer Bachelor-Arbeit? Wie sieht die Betreuung der Studierenden aus, während diese ihre Bachelor-Arbeit anfertigen?

Auch die Betreuung einer Bachelor-Arbeit wird von Lehrstuhl zu Lehrstuhl unterschiedlich gehandhabt. Wann mit der Planung begonnen wird, hängt mitunter rein formell von der jeweiligen Prüfungsordnung ab. An gewissen Studienstandorten gibt es Fristen, bis zu denen die Bachelor-Arbeit beim Prüfungsamt angemeldet sein muss. Hier in Nürnberg können die Studierenden beispielsweise ihre Bachelor-Arbeit anmelden, wann sie wollen. Nach meiner Beobachtung entscheiden sich die meisten Studierenden dafür, erst alle Leistungspunkte im Studium zu sammeln und dann – am Ende des 6. Semesters – die Bachelor-Arbeit zu schreiben.

Studierende, die an meinem Lehrstuhl ihre Bachelor-Arbeit schreiben, bitten wir zu einem ersten Sprechstundentermin, um mit ihnen über das Thema der Arbeit zu sprechen. Wegen der kurzen Frist für die Anfertigung der Bachelor-Arbeit achten wir sehr genau auf die Zeitplanung der Studierenden. Wir empfehlen, sich erst beim Prüfungsamt für die Bachelor-Arbeit anzumelden, wenn das Thema genau eingegrenzt und ausformuliert worden ist. Von Studierenden, die im Rahmen ihrer Bachelor-Arbeit eine kleine Studie durchführen, wollen wir vorab einen genauen Zeitplan vorgelegt bekommen, der deutlich macht, dass das empirische Forschungsprojekt tatsächlich innerhalb von neun Wochen durchführbar ist. Mit kleinem Forschungsprojekt meine ich beispielsweise, dass die Studierenden ein Experiment durchführen oder Leitfadeninterviews führen. Mit dem Zeitplan beugen wir vor, dass die Studierenden nicht in Zeitnot geraten. Es gibt dann noch einen zweiten Termin, für den es ein ausformuliertes Konzept der Bachelor-Arbeit vorzubereiten gilt.

Wie läuft diese Vorstellung im Kolloquium genau ab?

Kolloquium heißt bei uns, dass die Studierenden im Kreis aller Lehrstuhlmitarbeiter fünf Minuten lang ihr Konzept präsentieren und wenn möglich dabei auf folgende Fragen eingehen: Wie lautet das Thema der Bachelor-Arbeit? Wie ist die Arbeit gegliedert? Was sind die zentralen Forschungsfragen und -hypothesen? Mit welcher Methode sollen ggf. Daten erhoben werden? Was genau für Daten sollen erhoben werden? Das alles diskutieren wir dann. Eine Sache möchte ich in diesem Zusammenhang besonders betonen: Das Kolloquium ist keine Prüfung. Niemand muss Angst haben, wenn sie oder er im Kolloquium eingeladen ist, vor der Professorin und ihren Mitarbeitern das eigene Konzept der Bachelor-Arbeit zu präsentieren. Es geht uns nicht darum, über das Konzept zu urteilen. Uns geht es vielmehr darum, den Studierenden hilfreiche Tipps zu geben, damit sie eine gute oder gar sehr gute Bachelor-Arbeit schreiben.

Prof. Dr. Christina Holtz-Bacha ist Professorin für Kommunikationswissenschaft an der Friedrich-Alexander-Universität Erlangen-Nürnberg. Sie hat in Münster und Bonn die Fächer Publizistik, Politikwissenschaft und Soziologie studiert

Bernhard Pörksen (Tübingen) über Stress und Leistungsdruck im Studium

Herr Prof. Pörksen, an der Eberhard Karls Universität Tübingen tragen der Bachelor- und der Master-Studiengang den Namen „Medienwissenschaft". Was unterscheidet die Studiengänge vom Studium der Kommunikationswissenschaft?

In Tübingen bieten wir den Studierenden der Medienwissenschaft ein weniger auf Abgrenzung setzendes Profil, weil wir die literatur- und sprachwissenschaftliche Tradition des Faches mit der Tradition der empirischen Sozialforschung kombinieren. Wir glauben, dass man – zumal in den Räumen einer so traditionsreichen, so stolzen Universität – gut daran tut, eine Anregungsarena zu schaffen, die unterschiedliche Codes, unterschiedliche Methodologien und Methoden bereit hält, um spezialisierungsfähige Generalisten für sehr unterschiedliche Berufsfelder auszubilden: vom Journalismus bis zur strategischen Kommunikation, vom Radio bis zu Film und Fernsehen, von der Medienforschung bis hin zur Medienwissenschaft. Dieses Bemühen um intelligente Verknüpfung ist auch in unserem Studienangebot präsent: Vertreter der Medienpraxis arbeiten Seite an Seite mit Dozenten der Medienwissenschaft; geistes- und sozialwissenschaftlich orientierte Kolleginnen und Kollegen bieten gemeinsame Veranstaltungen an; in Lehrforschungsprojekten wird die wissenschaftliche Fragestellung mit der praktischen bzw. produktionsorientierten Anwendung kombiniert – und am Ende steht ein eigener Film der Studierenden, eine kleinere Studie, das Konzept einer Kampagne oder auch ein populärwissenschaftliches Sachbuch zu einem aktuellen Medienthema. Der Leitgedanke, der uns umtreibt und fasziniert, heißt: Integration, Verbindung des Verschiedenen – Verbindung von Wissenschaft und Anwendung, Verbindung von Geistes- und Sozialwissenschaft, Verbindung von Universität und Umwelt. Das ist didaktisch aufregend, aber auch für alle Beteiligten intellektuell äußerst reizvoll: Man wird gezwungen, in verschiedenen Köpfen zu denken.

Sprechen wir über Leistungsdruck und persönliche Krisen. Das gesellschaftliche Bild des idealen Studenten ist stark geprägt vom Leistungsdenken: BA-Abschluss mit 21 oder 22 Jahren, MA-Abschluss mit 24 oder 25 Jahren, beides in Zukunft wahrscheinlich in noch jüngeren Jahren, Prädikatsexamen, dazwischen am besten einen Auslandsaufenthalt, mehrere Praktika. Wie geht man mit diesem gesellschaftlichen Leistungsdruck um?

Ich persönlich finde es wichtig, dass sich Studierende nicht in eine Spirale der Selbstüberlastung hineintreiben lassen. Ich sehe mit großer Sorge und Mitgefühl, wie erschöpft manche schon am Anfang ihres Studiums sind und sich ihren eigenen Wünschen und Träumen mit einer fast depressiven Grundstimmung nähern. Die Konsequenz lautet: Lehrende der Kommunikations- und Medienwissenschaft sind heute notwendig immer auch im Ermutigungsgeschäft tätig. Es ist, so meine ich, gerade die Aufgabe der Universitäten, ein Labor für das Neue und Andersartige zur Verfügung zu stellen, zur Kreativität zu ermutigen, auch zu einer gewissen Kantigkeit und einem robusten Selbstbewusstsein. Und es gilt immer wieder zu zeigen: Das Großartige aller Medienberufe ist, dass man mit einer Idee, die noch niemand hatte, sehr weit kommen kann.

Neben dem gesellschaftlichen Leistungsdruck gibt es ja in jedem Studium einen objektiven Leistungsdruck. Sie sind als Professor mitverantwortlich für diesen objektiven Leistungsdruck, denn am Ende des Semesters warten unausweichlich die Klausuren. Was mache ich als Student, wenn die semesterübliche Panik kurz vor dem Schreiben der Klausuren einsetzt?

Ich glaube, dass diese Panik nicht wirklich nötig ist. Zum einen haben wir bei der Planung der Studiengänge die Stoffmenge bewusst reduziert, Freiräume geschaffen. Begleitend zu unseren Einführungsvorlesungen bieten wir überdies den Besuch von Tutorien an, in denen die Inhalte in kleinen Gruppen bearbeitet werden. Zum anderen versuchen wir, einen womöglich kontraproduktiven Leistungsdruck durch Coaching-Elemente und eine individualisierende Didaktik abzumildern. Die engmaschige Betreuung, die an jedem Tag der Woche angebotene Studienberatung, die gemeinsamen Veranstaltungen zum Berufseinstieg mit der Fachschaft, die vielen Workshops und Veranstaltungen mit Medienprofis und möglichen Mentoren – all das sind Versuche, einen unnötigen Stress zu reduzieren und in kleiner Runde ins Gespräch zu kommen.

Stellen wir uns vor, ein Student schreibt in einer ersten Klausur die Note 2,7 – eine Note, die sicherlich subjektiv als enttäuschend wahrgenommen wird. Was sagt die Note in einer Klausur im Fach „Medien- und Kommunikationswissenschaft" eigentlich über die späteren Chancen auf dem Arbeitsmarkt aus?

Nichts. Absolut nichts. Diese 2,7 ist als ein Aufruf oder ein Hinweis zu verstehen, sich stärker mit den Inhalten des Studiums auseinander zu setzen. Nicht mehr und nicht weniger.

Das Erleben von Leistungsdruck ist extrem stark subjektiv gefärbt. Die „Zeitlast"-Studie der Universität Hamburg hat gezeigt, dass Studenten ihren zeitlichen Aufwand über das ganze Semester hinweg stark überschätzen. Trotzdem erleben

Stress und Leistungsdruck

viele Studenten ihr Studium als extrem stressig, zeitaufwendig und von Leistungsdruck geprägt. Existiert dieser Druck nun objektiv oder existiert er nur in den Köpfen der Studierenden?

Objektiv mag es ja so sein, dass – gemessen an einer vorgesehenen Arbeitszeit von 40 Stunden pro Woche – Studierende ihre Arbeitsbelastung falsch einschätzen. Man sollte die ermittelten Zahlen der „Zeitlast"-Studie jedoch nicht losgelöst von der studentischen Lebenswirklichkeit interpretieren. Wenn Studierende nebenbei ihr Studium finanzieren müssen oder Eltern sind, macht man es sich zu einfach, 40 Stunden pro Woche als Maßstab anzulegen. Im Zuge der Veröffentlichung dieser Studie gab es viele Diskussionen darüber, warum das studentische Stresserleben trotz der überraschend niedrigen Stundenzahlen mitunter so hoch ist. Bei einer schlichten Messung des reinen Arbeitsaufwands übersieht man meiner Auffassung nach, dass das Stressempfinden vielfach eine Reaktion auf ein Zeit- und Weltgefühl junger Menschen ist, das geprägt ist durch Überanstrengung – und die dezenten Signale eines schwieriges Arbeitsmarktes, die da heißen: „Du wirst nicht gebraucht!"

Jeder Lehrende an einer Hochschule kann über Studenten berichten, die angesichts des Leistungsdrucks im Studium in eine persönliche Krise geraten sind. Wie würden Sie den Beginn einer persönlichen Krise im Studium definieren, die durch Leistungsdruck zustande kommt? Was ist normaler Stress? Was ist Stress, der einen krank macht?

Das entscheidende Indiz für eine veritable Krise ist immer ein Verlust von Lebendigkeit und intellektueller Freude. Wenn es nur noch um instrumentelles Lernen geht, wenn ich das Gefühl habe, nur noch „für die Klausur" und nicht mehr für mich zu lernen, dann kann das ein Symptom für den Beginn einer Krise sein. Wenn man den eigenen Studien- und Lebensentwurf massiv und langfristig in Frage stellt, würde ich von einer Krise sprechen. Ich würde spätestens dann dazu raten, das Gespräch zu suchen, sich einem anderen – auch einem Dozenten – anzuvertrauen. Niemand muss sich schämen, wenn er Lebenskrisen dieser Art erlebt. Wenn Studierende dauerhaft Leidensdruck erleben, weil die eigene Leistungsbilanz nicht stimmt, sollten sie die Sprechstunden der Professoren, Dozenten oder Mitarbeiter aufsuchen. Dies sind geeignete Orte, um vertrauensvoll über fachbezogene Probleme zu sprechen und sich bei der Lösung dieser Probleme coachen zu lassen. Bei wirklich schwer wiegenden Krisen würde ich dagegen dazu raten, sich an die entsprechende psychologische Beratungsstelle des Studentenwerks zu wenden.

Was sollte man als Student machen, wenn man feststellt, dass die Fächer Kommunikations- oder Medienwissenschaft ganz anders sind als man sich das vorher vorgestellt hat? Einfach durchhalten, weil der spätere Berufsalltag so und so ganz anders sein wird als das Studium? Oder lieber doch eine Ausbildung machen?

Da gibt es keine allgemeine Antwort, weil es doch darum geht, seinen eigenen Weg zu entdecken, seine eigene Lebensspur zu finden. Aber: Wer sich dauerhaft langweilt, ist gewiss falsch. Und wer allein die Praxis sucht und es leider aber an eine renommierte Journalistenschule nicht geschafft hat, der sollte sich nach meinem Dafürhalten gar nicht erst für ein Studium der Medien- oder Kommunikationswissenschaft bewerben, weil Universitäten nie linear und stromlinienförmig für die Berufswelt ausbilden werden und auch gar nicht versuchen sollten, dies zu tun. Wenn man aber unsicher ist, ob man nach wie vor das richtige Fach studiert, gilt es auch hier, das Gespräch mit den Dozenten zu suchen – und sich durch die Einsprüche und Perspektiven anderer systematisch irritieren und produktiv inspirieren zu lassen.

Prof. Dr. Bernhard Pörksen ist Professor für Medienwissenschaft an der Eberhard Karls Universität Tübingen. Er hat in Hamburg und in Pennsylvania die Fächer Germanistik, Journalistik und Biologie studiert und für zahlreiche Zeitungen und Zeitschriften gearbeitet.

Christoph Klimmt (Hannover) über die Vereinbarkeit von Familie und Studium

Herr Prof. Klimmt, an der Hochschule für Musik, Theater und Medien Hannover werden drei kommunikationswissenschaftliche Studiengänge angeboten: der Bachelor-Studiengang „Medienmanagement" sowie die Master-Studiengänge „Medienmanagement" und „Medien und Musik". Was unterscheidet das Studium in Hannover vom Studium der Kommunikationswissenschaft an anderen Standorten?

Wir unterscheiden uns von anderen Standorten sicherlich dadurch, dass wir pro Jahr nur rund 40 Studienbewerber für den Bachelor-Studiengang zulassen. Durch das exzellente Betreuungsverhältnis ist die Studienatmosphäre hier in Hannover auf dem ehemaligen Expo-Gelände sehr persönlich, ja beinahe familiär. Konzeptionell liegt der Schwerpunkt unseres Bachelor-Programms in der Verbindung von wissenschaftlichen Denk- und Arbeitsweisen mit größtmöglichem Praxisbezug. Unsere Studierenden erhalten breites Grundlagenwissen und lernen, vielfältige Fragen der medialen Kommunikation intelligent zu erforschen. Wir legen daher sehr großen Wert auf eine hervorragende Ausbildung in den Methoden der empirischen Sozialforschung. Im Zuge der Methodenausbildung erwerben die Studierenden bei uns besondere Problemanalysefertigkeiten, die später im Beruf, sei es in der Markt- und Medienforschung oder im strategischen Medienmanagement, sehr stark nachgefragt werden. Die Leitideen unserer Masterprogramme sind ähnlich, wobei das Programm „Medienmanagement" stärker zum Forschen anregt, „Medien und Musik" hingegen einen größeren Akzent auf Strategie und Kommunikationspraxis setzt.

Liegt das Expo-Gelände nicht vor den Toren der Stadt?

Ja, das stimmt in gewisser Weise. Das Institut für Journalistik und Kommunikationsforschung liegt nicht im Herzen der Stadt, aber von den Hannoverschen Altbaubezirken aus, in denen die meisten Studierenden wohnen, ist das Expo-Gelände mit den öffentlichen Verkehrsmitteln in einer halben Stunde gut zu erreichen.

Als Kommunikationswissenschaftler und Computerspielforscher wissen Sie sehr viel über die Prozesse der Mediensozialisation von Kindern und Jugendlichen. Sie selbst sind zweifacher Vater. Hat die Mediensozialisation Ihrer Kinder Ihren professionellen Blick verändert?

Auf jeden Fall! Ich spreche häufig mit meiner Frau über die Frage, wie wir als Eltern den Mediengebrauch unserer beiden Kinder begleiten sollten. Dabei geht es oft um Fragen und Probleme, mit denen ich mich in meiner professionellen Rolle als Professor für Kommunikationswissenschaft und Leser von Fachzeitschriften wie „Media Psychology" oder „Medien und Erziehung" wissenschaftlich beschäftige: Wie lange sollen unsere Kinder beispielsweise Fernsehen dürfen? Welche TV-Sendungen schauen wir mit unseren Kindern am besten gemeinsam an, welche TV-Sendungen dürfen sie schon allein anschauen? Gerade das gemeinsame Fernsehgucken mit den Kindern ist ja gar nicht so leicht, wenn beide Elternteile wie bei uns berufstätig sind. Seit ich meine Töchter beim Fernsehen beobachte, interessiere ich mich auch wissenschaftlich verstärkt für die Entstehung und den Umgang mit Angstreaktionen bei der Mediennutzung. Für uns Erwachsene ist es manchmal recht schwer nachzuvollziehen, dass selbst relativ abstrakte Comic-Figuren sehr reale Ängste bei kleinen Kindern auslösen können.

Stimmt die These, dass man während des Studiums flexibler seine Zeit einteilen kann als in einem Vollzeitberuf und dass deshalb das Studium eigentlich gar kein so schlechter Zeitpunkt ist, um eine Familie zu gründen?

Studierende mit Kindern sind eher die Ausnahme. Die meisten Studierenden sind mit akademischen oder partnerschaftsbezogenen Entwicklungsaufgaben beschäftigt. Ich kann mir prinzipiell schon vorstellen, dass Mutter, Vater oder gar beide einem Studium nachgehen. Allerdings befürchte ich, dass die straff organisierten Bachelor- und Master-Studiengänge weniger zeitliche Spielräume zulassen als früher die Diplom- oder Magisterstudiengänge. Der Ehrlichkeit halber muss man aber sagen, dass die ersten Berufsjahre mitunter auch nicht sonderlich familienfreundlich sind, was die zeitlichen Spielräume angeht. Als Vater oder Mutter brauche ich während des Studiums auf jeden Fall ein extrem dickes Fell, um den enormen phasenweisen Zeitdruck aushalten zu können, wenn am Ende des Semesters beispielsweise Klausuren geschrieben werden oder man am Ende der Semesterferien nur noch eine Woche Zeit hat, um zwei zehnseitige Hausarbeiten zu schreiben. Wenn das eigene Kind in genau dieser letzten Woche krank ist, können Vater oder Mutter zwangsläufig nicht so viel Energie in die Erstellung der Hausarbeit stecken wie ihre kinderlosen Kommilitonen. Für eine Klausur zu lernen oder eine Hausarbeit zu schreiben, kann ja für sich genommen schon mal kurzzeitig schlafraubend sein. Das ist aber nichts im Vergleich zu einem Kind, das nachts nicht schlafen

> **Carla Schieb studiert im Master-Studiengang „Empirische Kommunikationswissenschaft" an der Universität Hohenheim**
> In diesen Tagen bereite ich das Exposé zu meiner Master-Arbeit vor. Als alleinerziehende Studentin bin ich an einem Punkt meiner Bildungsbiografie angekommen, der sicherlich weniger selbstverständlich ist als für meine kinderlosen Studienkollegen. Ich werde mein Studium innerhalb der Regelstudienzeit beenden – dank eines hohen Maßes an Motivation und Selbstdisziplin. Das ist jedoch nur die halbe Wahrheit, denn nicht minder wichtig ist, dass ich mich auf meine Familie und Freunde verlassen konnte, die bereitwillig meinen Sohn betreut haben. Darüber hinaus ist die Uni Hohenheim bereits zum zweiten Mal als „Familiengerechte Hochschule" ausgezeichnet worden; deren Kinderbetreuungsangebote habe ich mehrfach in Anspruch genommen. Allerdings haben auch diese ihre Grenzen: Betreuung wird nur bis 17 Uhr gewährleistet, oft werden jedoch Vorlesungen und Seminare nachmittags angesetzt und dauern dann nicht selten bis 18 Uhr oder später. Natürlich weiß ich, dass sich dieser Betreuungsspagat im Beruf fortsetzen wird.

kann, weil es hohes Fieber hat und ständig hustet. Es kann gut sein, dass sich die Studienzeit von Eltern wegen dieser phasenweisen Belastungen um ein oder vielleicht gar zwei Semester verlängert. Deswegen würde ich mir aber keine Sorgen machen. Das Studium hat ja aus einem sehr guten Grund länger gedauert. Für Alleinerziehende gestaltet sich das alles etwas komplizierter als für Paare. Alleinerziehenden kann die Verlängerung der Studienzeit enorme materielle Probleme bereiten, das fängt bei den Studiengebühren an und endet bei den sonstigen Lebenskosten. Studierende mit Kindern müssen zudem mit größerer Unsicherheit leben, was die gewünschte berufliche Karriere angeht. Als Absolventen sind Eltern beispielsweise geografisch etwas weniger flexibel, da sie ihren Kindern eher ungern zumuten, einen neuen Kindergarten oder eine neue Schule zu besuchen. Als Vater weiß ich, dass Studierende mit Kind die Angst vor Arbeitslosigkeit, so wenig begründet sie angesichts der vielversprechenden Berufsaussichten von Kommunikationswissenschaftlern ist, ganz anders erleben als ihre kinderlosen Kommilitonen.

Welche Unterstützungsmöglichkeiten bieten Universitäten ihren Studierenden an, wenn diese bereits Mütter oder Väter sind oder während des Studiums werden?

Auf der strukturellen Ebene bemühen sich die deutschen Universitäten sicherlich sehr um Familienfreundlichkeit. Viele Universitäten haben inzwischen das Zertifikat „Familienfreunde Einrichtung" erworben. Diese Strukturen allein reichen aber nicht aus, um ein Studium per se familienfreundlich zu machen. Oft reichen schon die Kindergartenplätze schlichtweg nicht aus. Ich denke, dass wir eine ganz besondere Pflicht haben, Studierende mit Kind zu unterstützen. Wenn die Prüfungsämter mitspielen, dann können wir als Lehrpersonal beispielsweise außer der Reihe auch mal eine mündliche Prüfung verlegen oder individuelle Lösungen entwickeln, wenn es um die Abgabe einer Hausarbeit geht.

Prof. Dr. Christoph Klimmt ist Professor für Kommunikationswissenschaft am Institut für Journalistik und Kommunikationsforschung (IJK) der Hochschule für Musik, Theater und Medien Hannover. Er hat dort das Fach Medienmanagement studiert.

Gerhard Vowe (Düsseldorf) über Missverständnisse zwischen Studierenden und Professoren

Herr Prof. Vowe, an der Heinrich-Heine-Universität Düsseldorf gibt es keinen eigenständigen kommunikationswissenschaftlichen Bachelor-Studiengang. Kommunikationswissenschaftliche Lehrveranstaltungen sind stattdessen Teil des Bachelor-Studiengangs „Sozialwissenschaften: Medien, Politik, Gesellschaft". Was ist Ihrer Meinung nach das Besondere am Düsseldorfer Studiengang?

Das Besondere ist die Integration von Politikwissenschaft, Soziologie und Kommunikationswissenschaft in einem Studiengang. Dadurch gewinnen unsere Studierenden einen tiefen Einblick in das Gemeinsame und das Trennende der Sozialwissenschaften. Viele Studieninteressierte haben eher ungenaue Vorstellungen davon, was sie nach dem Studium machen möchten, sind aber an Sozialwissenschaften interessiert. Für die ist dieses breite fachliche Spektrum genau richtig. Unsere Absolventen haben gegenüber Absolventen rein kommunikationswissenschaftlicher BA-Studiengänge den Vorteil, über ein paar Optionen mehr am Arbeitsmarkt zu verfügen, weil ihnen die politikwissenschaftlichen und soziologischen Anteile im Studium die eine oder andere Tür mehr öffnen. Im Vergleich dazu sind die Absolventen von rein kommunikationswissenschaftlichen BA-Studiengängen stärker profiliert, wenn es um spezifische Anforderungen in Kommunikations- und Medienberufen geht.

Sie bieten in Düsseldorf außerdem einen spezialisierten Master-Studiengang „Politische Kommunikation" an. Ein ähnlicher Master-Studiengang wird an der Freien Universität Berlin unter dem Titel „Medien und politische Kommunikation" angeboten. Was zeichnet das Profil des Düsseldorfer Master-Studiengangs aus?

Der Düsseldorfer Master-Studiengang wird gemeinsam von Politikwissenschaftlern und Kommunikationswissenschaftlern angeboten – unter Beteiligung der Soziologen, insbesondere mit methodischen Modulen. Im Berliner Master-Studiengang ist das anders, der ist fest in kommunikationswissenschaftlicher Hand. Die Düsseldorfer Mischung aus politikwissenschaftlichen und kommunikationswissenschaftlichen Professoren macht den Master-Studiengang im Wortsinne spannend, weil es zwei Pole gibt. Die Studierenden lernen durch den Mix im Lehrpersonal zwei unterschiedliche Herangehensweisen an politische Kommunikation kennen. Für Politikwissenschaftler ist die politische Kommunikation eigentlich nur

Mittel zum Zweck, sie schreiben der politischen Kommunikation im Vergleich zu Kommunikationswissenschaftlern eine sehr viel kleinere Rolle im politischen Prozess zu. Politikwissenschaftler untersuchen politische Kommunikation vor dem Hintergrund der Strukturen der politischen Entscheidungsfindung. Für Kommunikationswissenschaftler hingegen ist politische Kommunikation der eigentliche Zweck. Das Verständigungsmoment zwischen Politik und Zivilgesellschaft, die Vermittlung politischer Inhalte, das sind aus Sicht von Kommunikationswissenschaftlern die wesentlichen Aspekte politischer Kommunikation. Und die Studierenden müssen sich mit diesen beiden Sichtweisen auseinandersetzen, das bringt sie voran – und uns im übrigen auch.

Sprechen wir über Missverständnisse zwischen Studierenden und Professoren. Ich lese Ihnen mal eine typische studentische Aussage vor: „Es reicht aus, wenn ich in der Vorlesung aufmerksam zuhöre und ab und zu etwas mitschreibe." Wie lautet Ihr Kommentar dazu?

Das Missverständnis geht noch viel weiter: Studierende meinen oft, dass es ausreicht, wenn man ab und an mal in der Vorlesung vorbeischaut und sich zu Hause das Vorlesungsskript vor der Klausur gründlich durchliest. Erlauben Sie mir, den Lesern eine Kurzanleitung für den Besuch einer Vorlesung an die Hand zu geben. Erste Regel: Vorlesung heißt, vor Ort zu sein. Zweite Regel: Vorlesung heißt Zuhören. Dritte Regel: Vorlesung heißt, sich parallel Notizen zu machen. Vierte Regel: Vorlesung heißt, die Inhalte der Lehrveranstaltung zu Hause nachzubereiten. Womit wir dann schon beim nächsten Missverständnis wären: Nachbereitung einer Vorlesung heißt nicht einfach nur, sich das Vorlesungsskript noch einmal zu Hause durchzulesen. Fünfte Regel: Vorlesung heißt, die Inhalte des Vorlesungsskripts und die eigenen Notizen nochmals durchzuarbeiten. Wie kann dieses Durcharbeiten aussehen? Wenn der Professor ein theoretisches Modell vorgestellt hat: Was steht darüber im Lehrbuch? Wenn er über Forschungsergebnisse gesprochen hat, die nicht im Vorlesungskript stehen: Wo finde ich diese Forschungsergebnisse? Wenn der Professor in der Vorlesung ein Beispiel gebracht hat: Fällt mir ein eigenes Beispiel ein?

„Wozu mitschreiben? Ich lerne einfach die Inhalte des Vorlesungsskript auswendig, da steht doch das Wichtigste drin."

Es stimmt zwar, dass im Skript das Extrakt der Vorlesung nachgelesen werden kann. Trotzdem sollten sich die Studierenden eigene Notizen machen! Nur über das Mitschreiben und das Sichten des Mitgeschriebenen ergibt sich ein Verstehen! Reines Auswendiglernen von Vorlesungsfolien hat wenig mit Verständnis zu tun.

„In meinem Referat muss ich einen englischsprachigen Text vorstellen. Gibt es diesen Text nicht auch auf Deutsch?"

Englisch ist Arbeitssprache in international vernetzten Wissenschaftsdisziplinen wie der Kommunikationswissenschaft. Darauf sollte man sich zu Beginn des Studiums gleich einstellen. Wenn wir englische Texte für unsere Lehrveranstaltungen auswählen, tun wir das nicht, um es den Studierenden unnötig schwer zu machen. Kommunikationswissenschaftliche Texte in englischer Sprache eigenständig lesen und verstehen zu können, ist eines von vielen Lernzielen des Bachelor-Studiums.

„Wenn ich einen wissenschaftlichen Text nicht auf Anhieb in der Bibliothek oder im Internet finde, schreibe ich dem Autor einfach eine Email und bitte ihn, mir den Text zuzusenden."

Das scheint für Studienanfänger auf den ersten Blick der einfachste Weg zu sein, sich einen vermeintlich unzugänglichen wissenschaftlichen Text zu besorgen. Die Autoren machen das Spiel aber nicht mit, sondern verweisen mehr oder weniger genervt auf den normalen Gang der Dinge. Die Beschaffung von wissenschaftlichen Texten ist heutzutage so einfach, dass allen Studierenden zugemutet werden kann, das selbst zu organisieren.

Die Recherche von wissenschaftlichen Texten ist im Internet-Zeitalter in der Tat sehr viel einfacher geworden. Ich erinnere mich noch, wie ich 1995 als Studienanfänger in die Berliner Staatsbibliothek fahren musste, um mittels Mikrofiche die Bestände der Berliner Bibliotheken zu durchsuchen.

Sehr schön, Herr Vogelgesang! Allerdings gab es auch noch einige andere gute Gründe, sich in die Staatsbibliothek zu bequemen. Viele hielten da nach ganz anderem Ausschau als nach Literatur, mehr nach Minirock als nach Mikrofiche.

Die Routinen, die man sich bei der Beschaffung von Studientexten aneignet, sind von zentraler Bedeutung bei der Studiensozialisation und qualifizieren letztlich auch für das spätere Berufsleben, in dem es nicht selten darum gehen wird, ganz ganz schnell für Chef oder Chefin Informationen zu beschaffen. Wer mit Datenbanken & Co. bereits im Studium gut zurecht gekommen ist, wird dann gut dastehen.

„Statt mich um einen Sprechstundentermin beim Professor zu bemühen, schreibe ich ihm lieber eine längere Email mit meinem Anliegen."

An den Universitäten fördern wir vielleicht sogar diese Einstellung, denn in gewissen Fällen ist auch für uns eine Email die effizienteste Kommunikationsform. Bei mir gilt: Kurze Sachfragen gerne per Email – aber bitte nur, wenn diese Sachfragen nicht bereits auf Homepages und Lernplattformen beantwortet sind! Wenn es um Klärung und Erklärung geht, in die Sprechstunde kommen, denn Emails erzeugen in diesem Fall oft nur Missverständnisse. Wer zu einem Sprechstundentermin an die Universität geht, sollte immer mindestens einen Tag vorher eine Besprechungsunterlage vorausschicken, das Problem schildern, deutlich machen, was man will und was man schon gemacht hat – gerne auch per Email! Es sei denn, das Problem besteht darin, dass man das Problem nicht benennen kann. Dann muss man sich erst einmal darüber unterhalten und das Problem einkreisen. Auch dafür werden wir bezahlt.

Welche Missverständnisse zwischen Ihnen und den Studierenden würden Sie gerne aus der Welt schaffen, wenn Sie könnten?

Mich beschäftigen vor allem zwei Missverständnisse. Das erste Missverständnis lautet: „Das Universitätsstudium der Kommunikationswissenschaft bereitet auf die Berufspraxis vor." Natürlich sind die Bachelor-Studiengänge zum Teil so konzipiert, dass sie individuelle Beschäftigungsfähigkeit ermöglichen. In unserem Bachelor-Studiengang besuchen die Studierenden beispielsweise einen Berufsfeldkurs. Lernziel dieses Berufsfeldkurses ist unter anderem die Auseinandersetzung mit berufspraktischen Kompetenzen, die in sozialwissenschaftlich relevanten Berufsfeldern vorausgesetzt werden. Studieninteressierten sollte man aber trotzdem immer wieder sagen: Kommunikationswissenschaft ist und bleibt ein Universitätsstudium. Die eigentliche Idee, die hinter einem Universitätsstudium steckt, ist leider schwer in wenigen Worten zu vermitteln. Gewisse Berufe – insbesondere auch Medienberufe – kann man nun einmal nur dann besonders gut ausüben, wenn man vorher eine akademische Ausbildung gemacht hat. Häufig höre ich von Studienanfängern: „Ich will später bei Henkel in der Öffentlichkeitsarbeit tätig sein. Herr Vowe, wofür in aller Welt muss ich im Studium lernen, wie empirische Sozialforschung funktioniert, wie man Daten erhebt und wie man diese Daten auswertet?" Meine Antwort lautet dann immer: Weil Henkel & Co. am liebsten Personal einstellt, dass die Fähigkeit hat, strukturiert vorgehen und logisch denken zu können. Und das lernt man am besten in einem Universitätsstudium. Wem das Universitätsstudium zu wenig berufsorientiert ist, den muss ich als Hochschullehrer schon fragen, warum er sich nicht für eine Berufsausbildung entschieden hat – oder für ein Studium an einer Fachhochschule.

Das zweite Missverständnis habe ich fast schon vorweggenommen: „Herr Vowe, her mit den Ergebnissen! Die Art und Weise, wie diese Ergebnisse zustandegekommen sind, interessiert mich nicht." Wie soll ich denn bitteschön Ergebnisse einordnen und gewichten, wenn ich nicht weiß, wie sie zustandegekommen sind? Es ist das Prinzip von Wissenschaft, ihre Vorgehensweise offen zu legen und damit die Ergebnisse nachprüfbar zu machen. Und Studierende lernen eine Wissenschaft nur kennen, wenn sie ihre Methoden kennenlernen – das ist der eigentliche Kern einer Wissenschaft, die jeweiligen Methoden. Und nur wenn man die Methoden beherrscht, kann man die Wissenschaft in der jeweiligen Berufspraxis anwenden. Viele unserer Studierenden wünschen sich ein Buch, in dem ein für allemal aufgeschrieben steht, wie öffentliche Kommunikation funktioniert. So ein Buch kann es aber für die Kommunikationswissenschaft gar nicht geben. Warum? Weil sich öffentliche Kommunikation mit der Zeit in ihren Erscheinungsformen und damit auch in ihren Wirkungen verändert und weil neue Theorien und Methoden der Kommunikationswissenschaft immer wieder auch neue Ergebnisse hervorbringen. Vor dem Jahr 2007 sprach niemand in der politischen Kommunikationsforschung über Facebook. Heute beschäftigen wir uns in der Kommunikationswissenschaft u.a. mit der Frage, welchen Einfluss die Facebook-Nutzung auf Wahlkämpfe hat. Facebook kann aber in fünf Jahren schon wieder rapide an Bedeutung verloren haben. Wer spricht heute noch von Second Life? Ich sehe nicht, welche endgültige Gewissheit ich als politischer Kommunikationsforscher über die Wirkung von Facebook verbreiten könnte.

Prof. Dr. Gerhard Vowe ist Professor für Kommunikations- und Medienwissenschaft an der Heinrich-Heine-Universität Düsseldorf. Er hat an der Freien Universität Berlin die Fächer Politikwissenschaft, Publizistik und Informationswissenschaft studiert.

4 Die Berufsfelder

Ansgar Zerfaß (Leipzig) über Kommunikationsmanagement

Herr Prof. Zerfaß, die Universität Leipzig bietet sowohl einen Bachelor- als auch einen Master-Studiengang „Kommunikations- und Medienwissenschaft" sowie drei berufsorientierte spezialisierte Master-Studiengänge: „Journalistik", „Hörfunk" und „Communication Management". Warum in Leipzig studieren?

Es gibt meiner Meinung nach mehrere sehr gute Gründe, warum es sich lohnt, in Leipzig zu studieren. Am Institut für Kommunikations- und Medienwissenschaft, das vor fast einhundert Jahren gegründet wurde und heute zu den größten in Deutschland zählt, lernt man das Fach in seiner ganzen Breite kennen. Das Bachelor-Studium sieht Lehrveranstaltungen in Bereichen wie der Kommunikationswissenschaft, Medienwissenschaft, der Medienpädagogik, der Buchwissenschaft, der Journalistik, dem Kommunikationsmanagement und der empirischen Kommunikations- und Medienforschung vor. Die Universität ist zudem auf einem komplett neu errichteten Campus mitten in der Stadt angesiedelt und verfügt über eine ausgezeichnete Infrastruktur. Neben den verschiedenen Lehrredaktionen Print, Hörfunk, Fernsehen und Online findet man in der Deutschen Nationalbibliothek und der Bibliotheca Albertina das umfangreichste Literaturangebot zur Kommunikationsforschung. Außerdem hat Leipzig als Szene-Metropole des Ostens viel zu bieten für Studierende: kurze Wege, günstige Mieten in tollen Gründerzeithäusern, viel Grün in der City, Badestrände in Reichweite und Kultur rund um die Uhr.

Auf der Website des Leipziger Instituts für Kommunikations- und Medienwissenschaft heißt es: Die Universität Leipzig gilt als einer der führenden Think-Tanks für Kommunikationsmanagement und Public Relations in Europa. Woran merken das die Studierenden des Master-Studiengangs „Communication Management"?

Der wichtigste Aspekt ist sicherlich, dass bei uns sehr intensiv und auf internationaler Ebene geforscht wird; die aktuellen Erkenntnisse werden natürlich umgehend im Studium vermittelt. Die Praxis schätzt das durchaus: Im Ranking der deutschsprachigen PR-Studiengänge belegt der Leipziger Master-Studiengang „Communication Management" den ersten Platz. Im Studiengang können sich die Studierenden durch ein Forschungsprojekt auf Unternehmenskommunikation, Non-Profit-Kommunikation oder politische Kommunikation spezialisieren. Mehrere Teams von Studierenden, Professoren und Lehrbeauftragten aus der Praxis entwickeln ein Semester lang gemeinsam mit Partnerorganisationen wie BASF, Deutsche Post DHL,

Kommunikationsmanagement 113

Volkswagen oder UNICEF Forschungsprojekte oder Kommunikationskonzeptionen. Viele Konzepte und wissenschaftliche Abschlussarbeiten von Absolventen sind in den letzten Jahren mit Preisen ausgezeichnet worden. Selbstverständlich gibt es auch in anderen Studiengängen ähnliche Konzepte und eine sehr gute Ausbildung. Unterschiedlich sind die inhaltlichen Schwerpunkte und das Partnernetzwerk in der Forschung und im Berufsfeld.

Sprechen wir über das Berufsfeld, für das Sie als Professor ausbilden. Was macht ein Kommunikationsmanager?

Kommunikationsmanager analysieren, planen und steuern Kommunikationsprozesse in Unternehmen, Verbänden oder auch Parteien. Sie sind in ihren jeweiligen Organisationen die Spezialisten und Berater sowohl für interne als auch externe Kommunikation. Interne Kommunikation umfasst die Prozesse, die dem Austausch der Mitglieder innerhalb einer Organisation dienen. Typische Beispiele für interne Kommunikationsmaßnahmen sind Mitarbeiterzeitschriften und Intranets. Die externe Kommunikation richtet sich an Journalisten (Presse- und Medienarbeit), Investoren und Kapitalgeber (Finanzkommunikation), Politik und Verwaltung (Public Affairs, Lobbyismus), Konsumenten (Kundenkommunikation) aber auch an eine Vielzahl anderer Bezugsgruppen im öffentlichen Raum (Public Relations). Auch die laufende Beobachtung strategiekritischer Themen (Issues Management) und die Beratung von Entscheidern im Unternehmen in allen Fragen rund um Image, Reputation, öffentliches Vertrauen, Kommunikationsrisiken und so weiter gehören dazu. Dabei nutzen Kommunikationsmanager Theorien und Methoden der Kommunikationsforschung. Im Unterschied zu anderen Kommunikationsberufen benötigen sie zusätzlich fundiertes Wissen über die interne Konstitution und die gesellschaftliche Rolle von Organisationen, Entscheidungs- und Führungsprozesse, Strategieentwicklung und Controlling. Daher gehören Themen wie Management und Leadership, Organisationstheorien, Mikropolitik und gesellschaftliche Legitimation, Konzeptionslehre und internationale Fallstudien zum Repertoire der Ausbildung.

Teilen Sie meinen Eindruck, dass unter den Studierenden das Kommunikationsmanagement die Journalistik als beliebtestes Studiengebiet abgelöst hat?

Ja, diesen Eindruck teile ich voll und ganz. Hier in Leipzig ist das auch der Fall. Wir haben pro Studienplatz mehr Bewerber als die Kollegen im Journalistik-Master.

Was sind Ihrer Meinung nach die Gründe dafür, dass inzwischen mehr Studierende im Kommunikationsmanagement arbeiten wollen als im Journalismus?

Ich denke, die Attraktivität des Berufsfelds kommt dadurch zustande, dass die Studierenden dort sehr frühzeitig die Möglichkeit haben, durch Nebenjobs erste Einblicke zu bekommen und Erfahrungen zu sammeln. Wir bekommen vom Arbeitsmarkt sehr viel mehr Praktika- und Nebenjobangebote aus dem Kommunikationsmanagements als aus anderen Praxisfeldern. Und natürlich sind die Berufsaussichten sehr gut – der Einstieg in internationalen Unternehmen und Agenturen ist für Absolventen sicherlich attraktiver als die Aussicht auf eine Tätigkeit als Freelancer.

Antonia Maas ist Leiterin der Unternehmenskommunikation der Bundesdruckerei GmbH in Berlin

Ich habe ein Magister-Studium mit den Fächern „Publizistik- und Kommunikationswissenschaft", „Deutsche Philologie" und „Kunstgeschichte" in Berlin abgeschlossen. Unternehmenskommunikation erfordert aus meiner Sicht strategischen Weitblick, um die jeweilige Institution erfolgreich zu positionieren und das operative Geschäft zu unterstützen. Darüber hinaus sind vernetztes Denken und kreative Umsetzungsideen gefragt. Basis dafür sind fundierte theoretische Kenntnisse der Kommunikationswissenschaft sowie eine gute Portion praktische Erfahrung. Beides habe ich im Laufe meines Studiums in Berlin vermittelt bekommen. So war beispielsweise die Pressereise als PR-Maßnahme internationaler Unternehmen das Thema meiner Abschlussarbeit – und wenig später eines meiner ersten großen Projekte im Berufsleben. Generell würde ich bei der Wahl der Universität auf eine Kombination aus Praxis und Theorie in der Studienordnung achten, wenn ich mich für einen Beruf im Kommunikationsmanagement interessiere.

Was empfehlen Sie Ihren Studierenden, wenn Sie gefragt werden, wie man sich neben dem Studium für einen Beruf im Kommunikationsmanagement qualifizieren kann? Sollte man so viele Praktika wie möglich absolvieren, um die verschiedenen Facetten dieses Berufsfeldes kennen zu lernen? Oder ist es besser, während des Studiums durch einen längerfristigen Nebenjob in diesem Berufsfeld erste kleine Meriten zu verdienen?

Kommunikationsmanagement

Ich rate grundsätzlich zu einem längerfristigen Engagement, um im Rahmen eines Nebenjobs einen vertieften Einblick in ein Berufsfeld zu bekommen. Ich denke, auch ein halbjähriges Praktikum – wenn finanziell möglich – während des Bachelor-Studiums trägt sehr gut zur beruflichen Orientierung bei. Ich persönlich finde es besonders wichtig, dass die Studierenden nicht nur handwerklich erste Erfahrungen sammeln, sondern dass sie auch verstehen lernen, wie die sozialen Prozesse in Unternehmen oder Agenturen funktionieren: Wer hat in der Organisation oder im Team welche Macht, seine Interessen durchzusetzen? Wie bringe ich meine fachlichen Kompetenzen in einem Team ein? Wie kann ich eigene Ideen einbringen und diese auch durchsetzen? Auf diese Aspekte des Arbeitsalltags kann man an einer Universität nur begrenzt vorbereiten.

Ihre Absolventen arbeiten sowohl in den Kommunikationsabteilungen großer Unternehmen als auch in PR- oder Kommunikationsagenturen. Wodurch unterscheidet sich der Arbeitsalltag eines Ihrer Absolventen, der in einem börsennotierten Unternehmen sich um Kommunikation kümmert vom Arbeitsalltag in einer Kommunikationsagentur?

Wer als Kommunikationsmanager in einem Unternehmen oder in einem Verband arbeitet, muss Kommunikation- und Unternehmensziele in Einklang bringen, Projekte initiieren, Budgets und Mitarbeiter koordinieren. Dazu kommt das operative Tagesgeschäft. Es gilt, Anfragen an die Pressestelle zu beantworten, eigene Publikationen und Websites zu konzipieren, Kampagnen zu entwerfen oder Führungskräfte in Kommunikationsfragen zu beraten. Wenn es darum geht, größere Kommunikationsmaßnahmen wie beispielsweise Events oder Kampagnen durchzuführen, beauftragen Unternehmen oder Verbände gerne Agenturen. In diesem Fall muss man als Kommunikationsmanager den Dienstleistern als Ansprechpartner zur Verfügung stehen. Man bildet auch die Schnittstelle zu anderen Abteilungen im Unternehmen, kontrolliert Leistungen, vergibt Aufträge.

Agenturen sind vielfach eine Art verlängerte Werkbank ihrer Auftraggeber. Wer in einer Agentur als Kommunikationsmanager arbeitet, ist immer mit mehreren Projekten gleichzeitig befasst, was den Arbeitsalltag dort sehr dynamisch macht. Man lernt viele Branchen und Themen kennen, kann im Laufe der Zeit über die Umsetzung hinaus auch strategisch und beratend tätig werden.

An deutschen Universitäten gibt es derzeit nur wenige auf Kommunikationsmanagement spezialisierte Master-Studiengänge: in Leipzig, Mainz, Hohenheim und seit Herbst 2011 auch in Greifswald und Münster. Wie beurteilen Sie die Berufschancen der Absolventen dieser Studiengänge für die Zukunft?

Die fünf genannten Studiengänge bringen pro Jahr höchstens circa 100 Absolventen hervor. Hinzu kommen einige Studienangebote an Fachhochschulen. Die Berufschancen insbesondere der Uni-Absolventen sind meines Erachtens ausgezeichnet. Praktisch alle unsere Absolventen haben kurz nach dem Studienabschluss einen attraktiven Job. Ein kürzlich abgeschlossene Erhebung bei den größten deutschen Konzernen zeigt, dass der Bedarf an umfassend ausgebildeten und international orientierten Young Professionals weiter wächst. Wenn es um Reputation und Wertschöpfung geht, wird von Kommunikatoren viel gefordert – aber sie können auch sehr viel an vorderster Reihe bewirken und die Zukunft von Organisationen und Gesellschaften mitgestalten.

Prof. Dr. Ansgar Zerfaß ist Professor für Kommunikationsmanagement an der Universität Leipzig. Er hat an der Universität Erlangen-Nürnberg Wirtschafts- und Kommunikationswissenschaften studiert.

Klaus-Dieter Altmeppen (Eichstätt-Ingolstadt) über Journalismus

Herr Prof. Altmeppen, die Katholische Universität Eichstätt-Ingolstadt bietet den Bachelor-Studiengang „Journalistik" und den Master-Studiengang „Management und Innovation in Journalismus und Medien" an. Eichstätt wirkt vom Umfeld her wie der Gegenentwurf zu Dortmund, wo auch ein Bachelor-Studiengang „Journalistik" angeboten wird: Eichstätt liegt im Altmühltal in Bayern, weitab von einer Großstadt, das größte Medienunternehmen in der Region ist der Donaukurier. Was macht aus Ihrer Sicht das Bachelor- und das Master-Studium in Eichstätt attraktiv?

Attraktiv ist das Studium in Eichstätt allein schon dadurch, dass es neben Dortmund der letztes verbliebene universitäre Studiengang „Journalistik" in Deutschland ist. Wir bilden in Eichstätt unsere Studierenden sowohl berufspraktisch als auch wissenschaftlich aus. Da das Bachelor-Studium der „Journalistik" in Eichstätt bereits sehr umfassend ist und wir den Bachelor-Studierenden das wesentliche journalistische Handwerkszeug bereits vermittelt haben, bieten wir mit dem Studiengang „Management und Innovation in Journalismus und Medien" einen spezialisierten Master-Studiengang an. In diesem Master-Studiengang steht das Management von Medienunternehmen und Redaktionen im Mittelpunkt des Interesses. Wir vermitteln unseren Master-Studierenden beispielsweise die organisationalen Funktionsweisen von Medienunternehmen oder die Logik der Entwicklung neuer redaktioneller Formate. Anders als beispielsweise in berufsorientierten Management-Master-Studiengängen spielt bei uns die Öffentlichkeitsarbeit keine Rolle.

Journalismus ist ein freier Beruf, der auch ohne vorherige Ausbildung von jedem ausgeübt werden kann. Kann man das so sagen?

Ich weiß, dass das mit dem Journalismus als freier Beruf in den Lehrbüchern steht. Natürlich kann sich jeder einen Stapel Visitenkarten kaufen und darauf das Wort „Journalist" drucken lassen. Es geht aber vollkommen an der Realität vorbei, wenn man glaubt, als selbstdeklarierter Journalist ohne Hochschulabschluss auf dem Arbeitsmarkt erfolgreich sein zu können.

Kann man sagen, dass ein Hochschulabschluss eine notwendige Voraussetzung ist, um als Journalist arbeiten zu können?

Letztlich kann man das wohl schon sagen. Rund 70 Prozent aller Journalisten verfügen entweder über einen Fachhochschul- oder Universitätsabschluss. Ebenfalls eine Art notwendige Voraussetzung ist das Volontariat. Es gibt im Journalismus nur sehr wenige Karrieren, die nicht mit einem Volontariat angefangen haben. Ein weiterer typischer Weg in den Journalismus sind die Journalistenschulen, die aber inzwischen ebenfalls sehr häufig einen Hochschulabschluss voraussetzen.

Ist journalistisches Schreiben ein Handwerk oder eine Begabung?

Wenn Journalismus eine Begabung wäre, würde ich als Journalismusforscher in die Biologie gehen und dort nach dem Journalismus-Gen suchen. Journalismus ist ein Handwerk, dass Jede und Jeder erlernen kann. Natürlich gibt es gewisse Dispositionen qua Sozialisation, die dafür verantwortlich sind, wie elegant und stilvoll man mit Sprache umgehen kann. Aber noch einmal: Für den Beruf des Nachrichtenredakteurs muss man nicht begabt, sondern qualifiziert sein.

Was unterscheidet den Journalistik-Absolventen von heute in seiner fachlichen Qualifikation vom Journalistik-Absolventen von vor 20 Jahren?

Man könnte auf die Idee kommen, dass Journalismus im Internet-Zeitalter etwas anderes ist als früher. Grundsätzlich hat sich aber an der Arbeit von Journalisten in den letzten Jahren überhaupt nichts verändert: Weiterhin besteht der Alltag von Journalisten aus dem professionellen Recherchieren, Selektieren und Präsentieren von öffentlich gesammelten Informationen. Natürlich nutzen Journalisten heute auch das Internet für ihre Arbeit. Das Internet wirkt sich weniger auf die journalistische Berufsrolle als vielmehr auf die Finanzierung von journalistischen Formaten aus. Rudolf Stöber spricht darüber in seinem Interview über „Geschichte".

Bei Journalisten ist es ähnlich wie bei Models. So wie es wenige Top-Models gibt, die die Titelseiten der Modezeitschriften zieren und deswegen viel Geld verdienen, gibt es einige wenige Top-Journalisten, deren Gesicht man kennt, weil sie wie Claus Kleber beim Fernsehen arbeiten oder weil sie häufig im Fernsehen als Gast in Talkshow zu sehen sind wie Hans-Ulrich Jörges oder Alice Schwarzer. Wie sieht der Arbeitsalltag eines Journalisten beim Donaukurier im Vergleich zu diesen prominenten Journalisten aus?

Laura Beck ist freie Journalistin beim Bayerischen Rundfunk

Ich habe an der Katholischen Universität Eichstatt-Ingolstadt das Fach „Diplom-Journalistik" mit den Nebenfächern „Politik" und „Soziologie" studiert. Durch meine Nebenfächer konnte ich mein Allgemeinwissen vergrößern und mich inhaltlich spezialisieren. Die Verbindung von praktischen und theoretischen Elementen bereicherte mein Studium in Eichstätt sehr. Eichstätt genießt als Ausbildungsstätte einen sehr guten Ruf, das hörte ich bei Praktika immer wieder. Im Studium drehten wir gemeinsam Filme, produzierten Radiosendungen oder Print-Magazine. Nicht nur hat das meine Studienzeit abwechslungsreich und spannend gemacht – es kam auch vor, dass mir im Praktikum beim ZDF eine Kamera in die Hand gedrückt und ich als Videojournalistin losgeschickt wurde. Dass ich drehen kann und das einschlägige Schnittprogramm beherrsche, das im Fernsehen eingesetzt wird, hat mir bisher schon sehr geholfen und in den Redaktionen Akzeptanz verschafft. Ich denke, dass einen diese Mischung aus Praxis und Theorie sehr viel besser auf das spätere Berufsleben als Journalist vorbereitet als ein reines Kommunikationswissenschaftsstudium. Und das Studieren in Eichstätt hat auch so seinen Reiz – Grillen am Fluss, kurze Wege und der Luxus, in einem Semester so viele neue Leute kennengelernt zu haben wie manche Großstädter in ihrem ganzen Studium. Es stimmt, dass Praktika (und die Arbeitsproben, die man dort sammelt) das A und O sind, um in den Journalismus zu finden. Ohne ein gutes Praktikum ist eine Bewerbung in den wenigsten Fällen von Erfolg gekrönt. Die meisten Studenten absolvieren daher in den Semesterferien Hospitanzen in Print, Radio oder Fernsehen – schließlich sind Praktika auch eine Möglichkeit, sich auszuprobieren und herauszufinden, welches Medium einem am meisten liegt und Spass macht. Jedoch ist es auch richtig, davor zu warnen, sich nicht ausbeuten zu lassen. Denn viel zu oft arbeitet man weit über 40 Stunden die Woche für wenig bis gar keine Bezahlung, da man auf die Praktika angewiesen ist – und sich die Unternehmen diesen Umstands bewusst sind. Nichts desto trotz kenne ich Kommilitonen, die ein Praktikum abgelehnt haben, weil sie sich nicht unter Wert verkaufen wollten.

Die Arbeit von Claus Kleber beim ZDF oder die Arbeit der genannten Talkshowgäste unterscheidet sich eigentlich nicht von der Arbeit des Moderators des lokalen TV-Senders. Wenn die genannten prominenten Journalisten ihre Rolle als Journalist ernst nehmen, werden sie auch nichts anderes machen als recherchieren, selektieren und präsentieren. Natürlich haben Claus Kleber, Hans-Ulrich Jörges oder Alice Schwarzer neben ihrer journalistischen Tätigkeit auch Führungsaufgaben, die dann nicht mit der tagtäglichen Arbeit eines Lokaljournalisten vergleichbar sind. In Deutschland arbeiten rund 19.000 Personen im Lokaljournalismus. Die Top-Journalisten wie Claus Kleber und Alice Schwarzers machen hingegen maximal ein oder zwei Prozent der Journalisten in Deutschland aus.

Was raten Sie Ihren Studierenden, wenn es um Praktika geht? Einfach mal nacheinander bei einer Tageszeitung, einer Zeitschrift und beim Fernsehen reinschnuppern oder lieber frühzeitig auf ein Medium festlegen und innerhalb dieses Mediums viele Praktika machen?

Mein erster Rat ist: Verkauft Euch nicht unter Wert! Jeder, der ein Praktikum absolviert, sollte meines Erachtens nach das Recht auf eine Vergütung haben. Eine Studie der Universität Duisburg-Essen hat vor längerer Zeit nachweisen können, dass es die „Generation Praktikum" gar nicht gibt, von der in den Massenmedien vielfach berichtet wird. Die Ausnahmen sind Journalisten und Wissenschaftler. Sowohl in den Medienunternehmen wie in den Universitäten arbeiten viele junge Menschen unter teilweise sehr prekären Bedingungen. Mein zweiter Rat ist: Überlegt Euch gut, in welchen Medienunternehmen Ihr Euer Praktikum machen wollt. Praktika sind leider immer noch viel zu oft die Eintrittskarte in den Journalismus.

Zeitungsverlage in ganz Deutschland verkleinern aus Kostengründen seit Jahren ihre Redaktionen; die Fernsehsender stehen ebenfalls unter Kostendruck: Wie schätzen Sie die Berufschancen ihrer Absolventen in der Zukunft ein?

Ich muss ehrlich sagen, dass ich das nicht einschätzen kann. Wenn diese Fragen bei uns im Studium aufkommen, berufe ich mich immer auf die sehr positiven Ergebnisse unserer Absolventenstudien, die belegen, dass 80 Prozent der Eichstätter Absolventen nach spätestens einem Jahr eine unbefristete oder befristete Anstellung haben. Wie der Journalismus in 20 Jahren aussehen wird, kann ich nicht sagen. Dass es den Journalismus noch geben wird, davon bin ich felsenfest überzeugt.

Was empfehlen Sie, wo sollte man nachlesen, wenn man mehr über das Berufsfeld wissen will?

Journalismus

Ich denke, dass das Buch „Journalistik" von Klaus Meier sehr empfehlenswert ist, wenn man sich als Schulabgänger mit dem Gedanken trägt, später im Journalismus arbeiten zu wollen. Siegfried Weischenbergs Buch, das den gleichen Titel trägt, kann ich ebenfalls sehr empfehlen. Ich könnte mir auch vorstellen, dass es für Studieninteressierte lohnenswert ist, eine Autobiografie eines Journalisten zu lesen. Wolf von Lojewski, der ehemalige ZDF-Journalist und Moderator, schildert in seiner Autobiografie „Live dabei. Erinnerungen eines Journalisten" sehr eindrücklich, wie er die ersten Schritte im Journalismus gemacht hat.

Prof. Dr. Klaus-Dieter Altmeppen ist Professor für Journalistik und Kommunikationswissenschaft an der Katholischen Universität Eichstatt-Ingolstadt. Er hat an der Westfälischen Wilhelms-Universität Münster die Fächer Neuere Geschichte, Publizistik- und Politikwissenschaft studiert.

Hans-Bernd Brosius (München) über Markt-, Medien- und Mediaforschung

Herr Prof. Brosius, an der Ludwig-Maximilians-Universität München (LMU) gibt es einen Bachelor- und einen Master-Studiengang „Kommunikationswissenschaft". Kurz und knapp gefragt: Warum in München Kommunikationswissenschaft studieren?

Ich denke, München ist aus dreierlei Gründen der ideale Standort, um Kommunikationswissenschaft zu studieren. Erstens zählt das Münchener Institut zu den besten in Deutschland. Zweitens bietet die LMU zahlreiche Studienfächer an, die mit dem Fach Kommunikationswissenschaft sehr gut kombiniert werden können. Drittens ist München eine Medienstadt, die den Studierenden eine Vielzahl an Jobs parallel zum Studium eröffnet.

Wodurch zeichnen sich der Bachelor- und der Master-Studiengang in München aus?

Im Bachelor bieten wir einen grundständigen, sozialwissenschaftlich orientierten Studiengang an, der das Fach Kommunikationswissenschaft in seiner Breite abdeckt. Neben Theorie- und Methodenveranstaltungen lernen die Studierenden auch die Berufspraxis kennen und reflektieren. In den sechs Semestern gibt es auch einige wenige Freiräume für studentisches Forschen in Lehrveranstaltungen. Hier sollen die Studierenden erst einmal das Handwerk der empirischen Sozialforschung lernen, bevor sie sich an größere Projekte wagen. Der Bachelor sieht auch noch 12 Wochen Praktikum vor, so dass ich finde, dass die Absolventen eine gute Chance im Berufsleben haben – außer sie ziehen weiter zum Masterstudiengang. Wir bieten einen stark forschungsorientierten Studiengang an, der theoretische Zugänge vertieft und ein breites Spektrum von Methoden vermittelt und für den sich am besten nur Studierende bewerben, die an Forschung interessiert sind und die sich auf analytisch-strategische Aufgaben im Beruf vorbereiten wollen. Im Prinzip besteht der viersemestrige Master-Studiengang aus lauter Forschungsprojekten, die je nach Form der Lehrveranstaltung in Umfang und Dauer variieren. Und dass Forschung sehr viel Spaß macht, können die Absolventen sicherlich bestätigen.

Wie gehen Ihre Studierenden damit um, dass München eine der teuersten Städte in Deutschland ist? Wohnen alle Studierenden außerhalb der Stadttore?

Nein, die meisten Studierenden wohnen in der Stadt. Es stimmt natürlich, die Stadt ist teuer. Man muss ein bisschen mehr Geld für seine Wohnung ausgeben. Die meisten Studierenden lösen dieses Problem jedoch, indem sie nebenbei arbeiten gehen. Ich sehe auch hier einen Vorteil von München: Das Angebot an lukrativen Nebenjobs ist hier sehr viel größer als an vielen anderen Standorten.

Sprechen wir über das Berufsfeld der Markt- und Medienforschung. Was unterscheidet die Markt-, Medien- und Mediaforschung voneinander und was haben sie gemeinsam?

Die Markt-, Medien- und Mediaforschung haben gemeinsam, dass sie versuchen, mit den Methoden der empirischen Forschung soziale Phänomene zu beschreiben und zu erklären. Die Medien- und die Mediaforschung sehe ich als eine spezielle Form der Marktforschung an. Mediaforschung kann sowohl Werbeforschung als auch Redaktionsforschung sein. Bei der Werbeforschung steht die Messung des Werbeerfolgs im Zentrum, bei der Redaktionsforschung interessiert vor allem das redaktionelle Umfeld der Werbung. Redaktionsforschung kann beispielsweise die Gestaltung von Sendungen zum Gegenstand haben oder die Eigenschaften der Online-Inhalte einer Zeitschrift. Mediaforschung wird aus kommerziellen Motiven von der Werbeindustrie und den Redaktionen betrieben, es geht um den Werbe- und Zuschauermarkt. Die meisten Auftraggeber der Mediaforschung dürften die Medien selbst sein, denn sie möchten die Werbekunden davon überzeugen, dass es sich lohnt, bei ihnen zu werben. Die Medien sind zudem daran interessiert, wie sich die Publika ihrer Angebote – seien es Nachrichtensendungen oder Soap-Operas – zusammensetzen. Dafür haben sie früher sowohl Universitäten als auch Marktforschungsinstitute beauftragt, heutzutage wird die Mediaforschung überwiegend bei Marktforschungsinstituten oder Mediaagenturen in Auftrag gegeben.

Im Gegensatz zur Mediaforschung wird die Medienforschung aus rein akademischen, nicht-kommerziellen Gründen betrieben. Medienforschung könnte man als das bezeichnen, was Kommunikationswissenschaftler an einer Universität betreiben. Nicht umsonst tragen zwei der besten kommunikationswissenschaftlichen Institute im deutschsprachigen Raum – München und Zürich – diesen Begriff in ihrem Namen.

Welche Inhalte im kommunikationswissenschaftlichen Studium haben unmittelbar mit dem Berufsfeld zu tun?

Die Frage ist pauschal schwer zu beantworten. Letztlich hängt das von der jeweiligen Forschungsfrage ab, mit der man später im Berufsfeld konfrontiert ist. Wissenschaftliche Kenntnisse aus dem Bereich der Medienethik können beispielsweise bei der Untersuchung spezieller Sendeformate im

Fernsehen sehr wichtig sein. Was man mit Sicherheit sagen kann: Eine solide Ausbildung und profunde Kenntnisse im Bereich der Datenerhebung und Datenauswertung sind nötig, wenn man in diesem Berufsfeld arbeiten möchte. Mit Kenntnissen im Bereich der Datenerhebung meine ich, wie man einen Fragebogen konstruiert, wie man das zu befragende Publikum mithilfe von Stichprobentechniken erreicht oder wie man die Inhalte von Medien analysiert. Mit Kenntnissen im Bereich der Datenauswertung meine ich, wie man Daten, die man selbst erhoben oder von Dritten zur Verfügung gestellt bekommen hat, statistisch auswertet. Datenauswertung hat viel mit logischem Denken und Statistik zu tun. Um es ganz klar zu sagen: Die Vorstellung, dass man als Kommunikationswissenschaftler keine Ahnung von Mathematik zu haben braucht, ist vollkommen daneben! Ich weiß, viele Studierende tun sich oft schwer mit Mathematik und Statistik, aber ich denke, die Praxis zeigt, dass wir mit dem, was wir unseren Studierenden beibringen, richtig liegen. Nur ein Beispiel: Viele Mitarbeiter in der Forschungsabteilung bei ProSieben haben ihre Abschlussarbeit an meinem Lehrstuhl geschrieben.

Kenntnisse in den Bereichen der Datenerhebung und Datenauswertung sind also notwendiges Handwerkzeug, um in diesem Berufsfeld erfolgreich Karriere machen zu können. Was ist mit speziellen Kenntnissen, die zum Beispiel für eine Karriere bei einer Mediaplanungsagentur notwendig sind? Mediaplanungsagenturen kümmern sich als Dienstleister für die Werbekunden um das Schalten der Werbung in den Medien. In welchen Lehrveranstaltungen erwerben Studierende Spezialkenntnisse dieser Art?

Es hängt vom Studienstandort ab, wie viel Wissen man aus dem Bereich Mediaforschung vermittelt bekommt. Ich weiß, dass es in Mainz dazu Lehrveranstaltungen gab, auch hier in München immer mal wieder, in Hohenheim wird regelmäßig eine Vorlesung „Mediaforschung und Mediaplanung" angeboten. Vor Jahren habe ich auf Initiative der Werbeindustrie längere Vorgespräche geführt, ob es nicht sinnvoll wäre, einen Studiengang Mediaplanung anzubieten. Ich könnte mir so einen Studiengang als spezialisiertes Master-Studium sehr gut vorstellen und sähe auch gute Chance für die Absolventen eines solchen berufsorientierten Studiengangs auf dem Arbeitsmarkt. Wer sich in das Thema und das Berufsfeld einlesen möchte, dem empfehle ich das Buch „Mediaforschung" von Gerlinde Frey-Vor, Gabriele Siegert und Hans-Jörg Stiehler.

Wenn ich als Student während des Studiums merke, dass mich das Berufsfeld besonders interessiert, worauf sollte ich bei der Suche nach einem Praktikum achten?

Auf jeden Fall lohnt es sich, im Rundfunk ein Praktikum in der Forschungsabteilung zu machen. Ebenso lohnt sich ein Praktikum bei den Vermarktungsgesellschaften der Rundfunkanbieter, ich denke da an ARD Sales & Services, IP Deutschland oder SevenOneMedia. Will man bei einer Mediaplanungsagentur ein Praktikum machen, sollte man am besten eine größere Agentur wählen, die auch Forschung betreibt.

Was meinen Sie, wie viele Ihrer Absolventen arbeiten nach ihrem Studium der Kommunikationswissenschaft in der Markt-, Medien- oder Mediaforschung?

Ich schätze, dass der Absolventenanteil an meinem Lehrstuhl zwischen 30 bis 40 Prozent liegt, der später in der Markt-, Medien- oder Mediaforschung arbeitet. Bezogen auf alle Absolventen eines Jahrgangs in München würde ich schätzen, dass der Absolventenanteil bei 10 Prozent liegt.

Ulrike Hegewald ist Projektleiterin bei der TNS Infratest Politikforschung in Berlin

Ich habe ein Magister-Studium mit den Fächern „Publizistik- und Kommunikationswissenschaft", „Politikwissenschaft" und „BWL" an der Freien Universität Berlin abgeschlossen. Natürlich sind viele der Themen, denen man sich im Studium mit großem Interesse widmet, für die spätere Berufstätigkeit von eher geringer Relevanz. Durch die interdisziplinäre Ausrichtung des Faches gab es aber doch auch Erkenntnisse, an die ich meine Überlegungen im Berufsalltag anknüpfen kann – etwa zu Wirkungsweisen politischer Kommunikation oder möglichen Effekten veröffentlichter Umfragewerte. Am meisten profitiere ich aber nach wie vor von der gründlichen Ausbildung im Bereich der wissenschaftlichen Forschungsmethoden. Ob es um die Untersuchungsanlage, das Instrument oder die Auswertung geht – durch mein Studium mit dem Schwerpunkt auf empirischer Kommunikationsforschung habe ich mir fundiertes Vorwissen aneignen und erste praktische Erfahrungen sammeln können und war so für den Einstieg in dieses Berufsfeld gut gewappnet.

Wie beurteilen Sie die Zukunftsaussichten dieses Berufsfeld im Zeitalter von Internet, Facebook & Co.?

Ich denke, das Berufsfeld wird künftig eher an Bedeutung gewinnen, zumal auch immer mehr Geld für Werbung im Internet oder bei Facebook ausgegeben wird. Allerdings muss man auch sagen, dass trotz einer Menge an vielversprechenden Ideen und Forschungsansätzen eine Mediaforschung jenseits der klassischen Massenmedien im Vergleich zu Zeitungen, Radio oder Fernsehen immer noch in ihren Kinderschuhen steckt. Mich würde es nicht wundern, wenn künftige Studentengenerationen, für die soziale Netzwerke wie Facebook oder mobile Mediennutzung wie selbstverständlich zum Medienalltag gehören, der Mediaforschung in Form innovativer Abschlussarbeiten den einen oder anderen wichtigen Impuls geben können.

Prof. Dr. Hans-Bernd Brosius ist Professor für Kommunikationswissenschaft an der Ludwig-Maximilians-Universität München. Er hat an der Westfälischen Wilhelms-Universität Münster die Fächer Psychologie und Medizin studiert.

Gabriele Siegert (Zürich) über Medienmanagement

Frau Prof. Siegert, welche BA- und MA-Studiengänge werden am Institut für Publizistikwissenschaft und Medienforschung (IPMZ) der Universität Zürich angeboten? Gibt es spezielle Profile, die diese Studiengänge auszeichnen?

Das Züricher Bachelor-Studienprogramm „Publizistik- und Kommunikationswissenschaft" ist sehr breit angelegt und deckt die wichtigsten Forschungsperspektiven innerhalb des Fachs ab. Die Makroperspektive des Fachs umfasst die Systeme, Strukturen und Märkte gesellschaftlicher Kommunikation. Die Prozesse, Akteure und Inhalte gesellschaftlicher Kommunikation stehen im Mittelpunkt der Mesoperspektive. Im Zentrum der Mikroperspektive stehen die Nutzung, Rezeption und Wirkung. Die Züricher Bachelor-Studierenden lernen alle drei Perspektiven im Studium in Form von Pflichtveranstaltungen kennen und können sich im Laufe des Studiums auf eine dieser Perspektiven konzentrieren.

Das konsekutive Master-Studienprogramm „Publizistik- und Kommunikationswissenschaft" baut auf dem eben beschriebenen Bachelor-Studienprogramm auf. Es ist auf die Entwicklung wissenschaftlicher Analyse-, Reflexions- und Forschungskompetenzen ausgerichtet und hat drei Schwerpunkte. Im spezialisierten Master-Studienprogramm „Kommunikationsmanagement und Kommunikationsforschung" lernen die Studierenden, wie strategische Kommunikation konzipiert, umgesetzt und evaluiert werden kann. Künftig werden wir aller Voraussicht nach beide Master-Studienprogramme in eine Studienprogramm überführen, in dessen Rahmen sich die Studierenden dann entsprechend auf einen der vier Schwerpunkte spezialisieren können.

Sie selbst sind von Haus aus gar keine Kommunikationswissenschaftlerin, sondern Diplomsozioökonomin. Wie fanden Sie den Weg in die Kommunikationswissenschaft?

Ich habe an der Universität Augsburg den inzwischen abgeschafften Studiengang „Wirtschafts- und Sozialwissenschaften" studiert. Mein damaliger Studienschwerpunkt in diesem integrierten Studiengang war die Sozioökonomie. Die Sozioökonomie beschäftigt sich u.a. mit der Ökonomisierung von verschiedenen Lebensbereichen – auch mit der Ökonomisierung öffentlicher Kommunikation. Obwohl ich nicht Kommunikationswissenschaft studiert habe, gab es in meinem Studium viele Berührungspunkte mit der Medienökonomie. Meine Doktorarbeit habe ich später dann über die Rolle der Medienforschung im Medienwettbewerb geschrieben.

Sprechen wir über das Berufsfeld des Medienmanagers. Ludwig Hilmer beginnt die Einführung zu seinem Lehrbuch „Medienmanagement" mit folgendem Satz: „Den Medienmanager gibt es gar nicht!" Wie ist dieser Satz zu interpretieren?

Ich würde die Worte von Ludwig Hilmer zuspitzend sogar sagen, dass es „den" Manager an sich nicht gibt! Natürlich muss jeder Manager wissen, wie ein Markt an sich funktioniert. Außerdem muss jeder Manager das betriebswirtschaftliche Handwerkzeug beherrschen. Aber mit dem 0815-Standardwissen ist es eben nicht getan. Was Ludwig Hilmer wahrscheinlich meint ist, dass Medienmanager die Produkte des jeweiligen Medienmarkts, in dem sie arbeiten, kennen müssen, wenn sie erfolgreich sein wollen im Beruf. Noch vor zehn Jahren waren die Mediengattungen noch stark voneinander getrennt: Ein guter Fernsehmanager musste noch lange kein guter Zeitungsmanager sein und umgekehrt. Angesichts der Verschmelzung der Mediengattungen erwartet man von Medienmanagern heute stärker als früher mediengattungsübergreifendes Denken und Handeln.

Hilmer schreibt in seiner Einführung außerdem: Im Idealfall verbinden Medienmanager betriebswirtschaftliches Kalkül mit Kreativität und technischer Expertise. Wo bleibt da die Kommunikationswissenschaft?

Ich denke, je größer die Unternehmen sind, in denen Medienmanager arbeiten, desto weniger ist es erforderlich, dass sie die Technologie des Medienprodukts bis auf das letzte Detail kennen müssen. Für die technologische Expertise werden diese Medienmanager jemanden in ihrem Team haben. Wer hingegen in einer PR-Agentur den Bereich Social-Media verantwortet, sollte einem Kunden schon selbständig erklären können, wie eine Facebook-Seite oder Twitter technisch funktionieren. So gesehen teile ich Ludwig Hilmers Einschätzung bis zu einem gewissen Grad. Medienmanagement und Medienökonomie kann man sowohl als Teildisziplinen der Kommunikationswissenschaft als auch der Betriebswirtschaftslehre verstehen. Kommunikationswissenschaftler interessieren sich eher für das, was Medienprodukte von anderen Wirtschaftsgütern unterscheidet. Für sie sind die spezifischen Funktionen von Medienprodukten für die Gesellschaft von besonderem Interesse – wie zum Beispiel: Welche Funktion hat die Tageszeitung für die politische und soziale Integration von lokalen Kommunikationsräumen? Schadet der vergleichsweise niedrige Anteil von Nachrichten bei Sat.1, RTL II, kabel eins und VOX dem politischen Gemeinwesen? Betriebswirte neigen im Gegensatz zu Kommunikationswissenschaftlern eher dazu, in Medienprodukten einfach nur Güter einer *creative industry* zu sehen ohne spezifische gesellschaftliche Funktion. Ich würde Ludwig Hilmers Einschätzung deshalb gerne erweitern: Im Idealfall verbinden Medienmanager die betriebswirtschaftliche mit der kommunikationswissenschaftlichen Perspektive.

Tobias Zehnder ist Head of Operations & Innovation bei der Webrepublic AG

Das Studium am IPMZ hat mir rückblickend genau jenes Wissen vermittelt, das ich heute täglich anwenden kann. Dabei handelt es sich weder um die Lasswell-Formel noch um Luhmanns Systemtheorie, sondern die Schnittmenge aller verschiedenen Perspektiven auf das große Gebiet der Medien und seiner Akteure, Strukturen und Märkte. Ironischerweise ist es beispielsweise gerade die anfangs im Studium wenig beliebte Statistik, die mir heute hilft, objektive Entscheide zu fällen und relevante Informationen in großen Datenmengen zu identifizieren. Zudem wurde großen Wert auf Selbständigkeit gelegt. Fragen zu entwickeln, Thesen zu diskutieren, sich selbständig zu spezialisieren: Dies ist wichtiger als Detailwissen, das in der Medienwelt generell ja eine nur sehr kurze Halbwertszeit hat.

Mein Ratschlag für Studienbeginner wäre entsprechend, sich nicht zu früh zu fokussieren, sondern verschiedene Gebiete mit offenen Augen und großer Neugier zu entdecken. Sich neben dem Studium in einem Praktikum oder einem längerfristigen nebenberuflichen Engagement Praxiswissen anzueignen, hilft zudem, sich zu spezialisieren und herauszufinden, wohin man will und was man kann. Selbständiges Arbeiten während des Studiums und vor allem die Abschlussarbeit bieten die Gelegenheit, die verschiedenen Fäden zusammenzubringen und seine erworbene Fachkompetenz (und Leidenschaft!) zu demonstrieren. Eine gute Abschlussarbeit ist die beste Voraussetzung für einen erfolgreichen Berufseinstieg und sicher mit ein Grund dafür, warum heute mehr als 50% unserer Mitarbeiter bei Webrepublic einen IPMZ-Background mitbringen.

Sie selbst leiten an der Universität Zürich eine Abteilung für Medienökonomie und Management. Sie haben doch sicherlich noch Kontakt zu dem einen oder anderen Absolventen? Was machen diese Absolventen heute?

Einige Absolventen verliert man aus den Augen, mit anderen habe ich kontinuierlich Kontakt, wir laden sie auch gerne zu Gastreferaten in Lehrveranstaltungen ein. Einer meiner Absolventen, Tobias Zehnder, hat vor zwei Jahren eine Abschlussarbeit über den Schweizer Online-Werbemarkt geschrieben und sich mit diesem Wissen selbständig gemacht. Heute hat seine Agentur bereits 18 Mitarbeiter. Ein anderer Absolvent von mir hat seine Abschlussarbeit über Markenmanagement in konvergenten Medienmärkten geschrieben. Diesem Absolvent hat das spezielle Wissen über Markenmanagement, das er durch die Untersuchung der Markenwurzeln u.a. von Telekommunikationsunternehmen gesammelt hat, dabei geholfen, eine Stelle als Berater in einer Markenagentur zu bekommen.

Nehmen wir an, jemand weiß als Abiturient, dass er oder sie später im Medienmanagement arbeiten will. Würden Sie eher zu einem Studium der Kommunikationswissenschaft oder eher der Betriebswirtschaftslehre raten?

Ich würde mit Blick auf das Berufsbild des Medienmanagers letztlich immer empfehlen, sich für einen Studienstandort zu bewerben, an dem man Kommunikationswissenschaft mit Betriebswirtschaftslehre kombinieren kann. Dabei hängt es davon ab, welche Studienstandorte die Abiturienten in Erwägung ziehen, um ihre Wunschkombination studieren zu können. Nehmen wir mal den Studienstandort Zürich: Hier kann man „Publizistik- und Kommunikationswissenschaft" und „Betriebswirtschaftslehre" jeweils im Hauptfach und im Nebenfach studieren – wobei es einfacher zu sein scheint, „Publizistik- und Kommunikationswissenschaft" mit der „Betriebswirtschaftslehre" als Nebenfach zu kombinieren.

Prof. Dr. Gabriele Siegert ist Professorin für Publizistikwissenschaft mit Schwerpunkt Medienökonomie an der Universität Zürich. Sie hat an der Universität Ausgburg das Fach Wirtschafts- und Sozialwissenschaften studiert.

Juliana Raupp (Berlin) über Kommunikationswissenschaft als Beruf

Frau Prof. Raupp, Berlin ist als Hauptstadt ein attraktiver Studienort. Was macht aus Ihrer Sicht den Bachelor-Studiengang „Publizistik- und Kommunikationswissenschaft" an der Freien Universität Berlin attraktiv?

Das Institut für Publizistik- und Kommunikationswissenschaft in Berlin zählt zu den größten Instituten im deutschsprachigen Raum. Die Größe des Berliner Instituts ermöglicht es, dass die Studierenden aus einem besonders vielfältigen und thematisch breiten Lehrangebot auswählen können. Das empirisch-sozialwissenschaftlich fundierte Bachelor-Studium in Berlin umfasst die ganze Bandbreite der deutschsprachigen Kommunikationswissenschaft: Wir bieten u.a. Lehrveranstaltungen aus dem Bereich der Kommunikations- und Medienforschung, Kommunikationspolitik, Kommunikationsgeschichte, Journalistik und Organisationskommunikation an. Hinzu kommt, dass unsere Studierenden während des Bachelor- oder Master-Studiums immer wieder die Möglichkeit haben, Gastvorträge von Journalisten und von Entscheidern aus der Bundes- und Landespolitik anzuhören und mit diesen Entscheidern zu diskutieren.

Macht die Nähe zur Bundespolitik die besondere Attraktivität des Berliner Master-Studiengangs „Medien und politische Kommunikation" aus?

Die Nähe zum politischen Journalismus und zum politischen System in Berlin zeichnet den Master-Studiengang „Medien und politische Kommunikation" sicherlich in besonderem Maße aus. Die geografische Nähe zur Bundes- und Landespolitik allein macht einen Studiengang jedoch nicht per se attraktiv. Das Besondere unseres Master-Studiengangs ist vor allem, dass viele Berliner Kolleginnen und Kollegen – aus durchaus unterschiedlichen Forschungsperspektiven – auf die Analyse politischer Kommunikation spezialisiert sind. Mit dieser Spezialisierung geht einher, dass nahezu alle Lehrveranstaltungen im Master-Studiengang von Kommunikationswissenschaftlern angeboten werden. Im Vergleich zum Düsseldorfer Master-Studiengang „Medien und politische Kommunikation" beispielsweise bieten wir somit einen rein kommunikationswissenschaftlich profilierten, forschungsorientierten Master-Studiengang an.

Sprechen wir über die Kommunikationswissenschaft als Berufsfeld. Was gefällt Ihnen an Ihrem Beruf als Professorin besonders gut?

In der Wissenschaft bleibt man lebenslang ein Lernender. Doch über die Jahre gewinnt und vertieft man immer mehr Wissen, und daraus entstehen immer vielfältigere Erkenntnisse – die ständig aufs Neue überprüft, verworfen und erweitert werden. Das fasziniert mich an meinem Beruf. An der Universität hat man als Professorin oder Professor die Möglichkeit, über längere Zeit und im Austausch mit Kolleginnen und Kollegen aus dem In- und Ausland an interessanten Problemen zu arbeiten und so neues Wissen zu produzieren. In der Lehre geht es darum, dieses Wissen aus der Forschung zu vermitteln sowie den Studierenden das methodische und fachliche Rüstzeug mitzugeben, das sie brauchen, um selbst relevante Probleme der Kommunikationswissenschaft bearbeiten zu können. Wichtiger als die Wissensvermittlung allein ist es deshalb in der Lehre, gemeinsam mit den Studierenden Ideen und Fragen, die in Seminaren und Übungen aufkommen, zu diskutieren und aktiv zu bearbeiten. Neben der Forschung und Lehre gehören zum Profil einer Universitätsprofessur noch eine Reihe von Managementaufgaben. Hierzu zählen beispielsweise die Administration von Forschungsprojekten und die Mitwirkung an der universitären Selbstverwaltung. Außerdem müssen Studiengänge geplant und gestaltet werden, und immer geht es dabei darum, Forschung und Lehre sinnvoll aufeinander zu beziehen.

Wer entscheidet darüber, worüber Sie als Professorin lehren und forschen?

An den Universitäten gibt es keine staatlich vorgegebenen Rahmenpläne, wie man sie von der Schule her kennt. Stattdessen entscheiden die zuständigen Gremien der Universität, wie die Studien- und Prüfungsordnung eines Studiengangs aussehen soll. Innerhalb der Studienordnung ist beispielsweise geregelt, welche Module in einem Studiengang angeboten werden. Über den konkreten Inhalt der einzelnen Lehrveranstaltung entscheiden jeweils die Dozentinnen und Dozenten, die die Vorlesungen, Seminare und Übungen anbieten. Die gemeinsame Richtschnur aller Lehrenden ist dabei das Curriculum, das in der Studien- und Prüfungsordnung festgelegt ist. In den Ordnungen ist genau beschrieben, welche Veranstaltungsformen belegt und welche Prüfungsleistungen erbracht werden müssen. Gemeinsam müssen wir an einem Institut oder einer Fakultät dafür Sorge tragen, dass alle erforderlichen Lehrinhalte und Prüfungsmöglichkeiten angeboten werden.

Dr. Katja Friedrich ist wissenschaftliche Mitarbeiterin am Institut für Kommunikationswissenschaft und Medienforschung an der Ludwig-Maximilians-Universität München

Nur wenige Studierende betrachten Wissenschaft als Karriereoption, das liegt nicht nur daran, dass der Einstieg in die akademische Forschung von einem überdurchschnittlich guten Abschluss abhängt. Oft bieten Professoren Absolventen nach dem Studienabschluss eine halbe Stelle an. Dann sollte man wissen, dass der Weg zur Promotion mit hohem Arbeitsaufwand und überschaubarem Gehalt verbunden ist. Aber er bietet Arbeitsbedingungen, von denen viele träumen: Man kann tief in Themenfelder einsteigen, selbständig arbeiten und neues Wissen generieren. Die eigentliche Entscheidung für eine akademische Karriere fällt nach der Promotion, weil viele erst dann wissen, ob der Weg zwischen beruflicher Freiheit und hohen Anforderungen der richtige für sie ist. Ich beobachte, dass Frauen nach der Promotion der Wissenschaft häufiger den Rücken kehren als Männer. Das hat sicherlich mit der begrenzten Familienfreundlichkeit, hohen Mobilitätsanforderungen und der Arbeitsbelastung zu tun. Trotzdem ist es möglich, das Karriereziel Professorin zu erreichen, in letzter Zeit wurden etliche Kommunikationswissenschaftlerinnen mit Familie auf Professuren berufen. Mein persönliches Zwischenfazit auf halber Strecke: Es lohnt sich, durch eine Promotion herauszufinden, ob eine akademische Laufbahn der richtige Weg ist – solch ein spannendes Tätigkeitsfeld findet sich äußerst selten.

Bevor man an eine Universität auf eine Professur berufen wird, sind bestimmte Qualifikationsschritte zu machen. Welche Schritte sind das?

Auf dem Weg zu einer Professur sind mehrere Qualifikationen zu erwerben. Die Reihenfolge dieser Qualifikationen ist festgelegt, aber jeder einzelne Qualifikationsschritt kann unterschiedlich lange dauern. Notwendige erste Qualifikationsschritte sind ein sehr guter Bachelor- und ein überdurchschnittlicher Master-Abschluss. Der nächste Qualifikationsschritt ist die Promotion, die man aber auf unterschiedlichen Wegen erlangen kann. Promovieren kann man beispielsweise als wissenschaftlicher Mitarbeiter an einem Lehrstuhl, als Projektmitarbeiter, als Promotionsstipendiat oder als Doktorand oder Doktorandin an einer Graduiertenschule. Je nachdem, welchen Weg man eingeschlagen hat, dauert es mal kürzer und mal länger, bis man einen Doktortitel verliehen bekommt. Der nächste Schritt nach dem Doktortitel ist die Habilitation oder aber eine als gleichwertig anerkannte Leistung, die in der Regel durch eine weitere eigenständige Forschungsarbeit nachgewiesen wird. Auch auf einer so genannten Juniorprofessur, die zunächst immer befristet ist, kann man sich habilitieren oder habilitationsadäquate Leistungen erbringen. Mit der Habilitation erlangt man die Lehrbefähigung für ein Studienfach. Wer habilitiert ist oder einer Habilitation äquivalente Leistungen vorweisen kann, kann sich auf eine Professur an einer Universität bewerben.

Christine Meltzer ist wissenschaftliche Mitarbeiterin am Institut für Publizistik an der Johannes Gutenberg-Universität Mainz

Als ich noch studierte, konnte ich mir kaum vorstellen, womit ein wissenschaftlicher Mitarbeiter außer der Lehre überhaupt seine Zeit verbringt. Heute weiß ich, es sind viele Aufgaben – aber auch sehr vielfältige. Die Kombination aus Forschung und Lehre stellte mich gerade zu Beginn meiner Anstellung vor zahlreiche Herausforderungen. Aber genau aus dieser Verknüpfung wachsen auch viele Chancen. Im Austausch mit den Studierenden entwickeln sich mitunter Ideen, Perspektiven und Fragen, auf die man im stillen Kämmerlein niemals gekommen wäre. Gleiches gilt für den Austausch mit Kolleginnen und Kollegen, ob auf wissenschaftlichen Tagungen oder auf dem Büroflur. Das ist das, was Wissenschaft lebendig und den Job für mich attraktiv macht.

Was sind neben einem sehr guten Studienabschluss wichtige Voraussetzungen für eine Karriere in der Wissenschaft?

Man sollte sich von Beginn an darauf einstellen, in einem internationalen Umfeld tätig zu sein. Englisch ist die lingua franca der Wissenschaft. Von Doktoranden wird heute erwartet, dass sie auch in internationalen Fachzeitschriften publizieren, frühzeitig auf Tagungen vortragen und sich mit anderen Doktoranden auf Veranstaltungen vernetzen. Gemeinsame Doktorandenkolloquien (das Berliner Institut veranstaltet beispielsweise ein solches gemeinsam mit dem kommunikationswissenschaftlichen Institut der Universität Zürich), *summer schools* und Netzwerke wie das „Nachwuchsnetzwerk politische Kommunikation (NapoKo)" bieten hier Möglichkeiten zur Vernetzung. Mitunter gelingt es auch schon herausragenden Master-Studierenden, die Ergebnisse ihrer studentischen Forschungsprojekte, oft gemeinsam mit dem jeweiligen Dozenten, auf wissenschaftlichen Tagungen zu präsentieren.

Wieviel verdient man als Nachwuchswissenschaftler?

Je nach Bundesland und Universität beginnt man nach seinem Master-Abschluss auf einer befristeten halben oder dreiviertel Stelle. Je nach Tarifgebiet und Stellenprozenten liegt der Verdienstkorridor eines Nachwuchswissenschaftlers zwischen 1.000 bis 1.300 Euro netto. Diese Zahlen zeigen sehr deutlich, dass man als Nachwuchswissenschaftlerin oder Nachwuchswissenschaftler an einer Universität nicht reich wird. Die zentrale Triebfeder, eine Universitätslaufbahn zu verfolgen, ist sicherlich das individuelle Interesse und die Begeisterung für das Forschungsgebiet.

Der Frauenanteil in kommunikationswissenschaftlichen Studiengängen ist überdurchschnittlich hoch. Eine Statistik aus dem Jahr 2006 zeigt, dass der durchschnittliche Frauenanteil im Fach „Kommunikationswissenschaft" bei 64% liegt. Andere Zahlen belegen hingegen, dass der Professorinnenanteil im Fach bei rund 20% liegt. Warum gibt es nicht mehr Professorinnen?

Absolut gesehen ist der Anteil der Professorinnen natürlich sehr gering, relativ zu anderen akademischen Fächern aber ist er in der Kommunikationswissenschaft recht hoch. Frauenspezifische Förderprogramme haben hier erste positive Effekte erzielen können. Gemessen an der Zahl der Studentinnen im Fach ist der Professorinnenanteil jedoch unverhältnismäßig niedrig. Die Gründe dafür sind vielfältig. Einer der Gründe ist sicherlich die Familienunfreundlichkeit einer universitären Laufbahn. Bis zur Professur ist es in der Regel so, dass die Stellen befristet sind. Universitäre Laufbahnen sehen außerdem in vielen Fällen vor, dass man zwei- bis dreimal umzieht, bevor man auf eine Professur berufen wird und auch danach ist ein Wechsel an eine andere Universität keinesfalls ungewöhnlich. Außerdem ist der Beruf der Professorin oder des Professors alles andere als ein 40-Stunden-Job, den man am Ende der Woche hinter sich lässt. Neben den strukturellen Barrieren ist es die Summe der Einzelfaktoren wie die hohe Arbeitsbelastung, die Befristung der Qualifikationsstellen, der permanente Zwang zur Weiterqualifikation, die Konkurrenz um wenige Stellen und die erforderliche geografische Mobilität, die eine Universitätskarriere für viele Frauen, aber auch für Männer, die eine Familie gründen, steinig machen. Programme zur Förderung von Doppelkarrieren und Angebote zur Kinderbetreuung können hier helfen. Aber gegen die strukturelle Familienunfreundlichkeit einer universitären Laufbahn können sie nur bedingt etwas ausrichten.

Welchen Möglichkeiten gibt es, bereits während des Studiums das Berufsfeld des Kommunikationswissenschaftlers genauer kennenzulernen?

Wer sich vorstellen kann, nach dem Studium zu promovieren, sollte versuchen, sich für eine studentische Hilfskraftstelle an einem Lehrstuhl oder um eine studentische Mitarbeit in einem Forschungsprojekt zu bewerben. Im Rahmen dieser Tätigkeiten gewinnt man erste Einblicke in den Beruf eines Hochschullehrers. Die eigentliche Entscheidung für oder gegen eine Universitätslaufbahn findet allerdings genau genommen erst nach der Promotion statt. Nach der Promotion ist es ohne Probleme möglich, auch außerhalb der Wissenschaft am Arbeitsmarkt erfolgreich Karriere zu machen. Wer sich aber dazu entscheidet, nach der Promotion dran zu bleiben, weil ihn das Interesse am Fach und die Freude an der Wissenschaft nicht loslassen, der will und kann sich später oft gar keinen anderen Beruf als den des Professors vorstellen.

Prof. Dr. Juliana Raupp ist Professorin für Publizistik- und Kommunikationswissenschaft mit dem Schwerpunkt Organisationskommunikation an der Freien Universität Berlin. Sie hat an der Universität von Amsterdam die Fächer Kommunikationswissenschaft und Politologie studiert.

5 Die Zeit nach dem Studium

Volker Gehrau (Münster) über Berufsaussichten

Herr Prof. Gehrau, die Westfälische Wilhelms-Universität Münster bietet das Bachelor-Studium „Kommunikationswissenschaft" als Ein- und als Zwei-Fach-Bachelor-Studiengang an. Wann raten Sie Studieninteressierten zum Ein-Fach-Bachelor, wann zum Zwei-Fach-Bachelor?

In einem Ein-Fach-Bachelor konzentriert man sich auf ein einziges Studienfach. In einem Zwei-Fach-Bachelor studiert man demgegenüber zwei gleichwertige Fächer. Im Ein-Fach-Bachelor „Kommunikationswissenschaft" in Münster lernen die Studierenden das Fach in seiner ganzen Bandbreite kennen. Man besucht neben den kommunikationswissenschaftlichen Modulen dann noch ein Modul mit Veranstaltungen aus anderen Fächern. Die Studierenden haben dabei die Möglichkeit, aus einem großen Spektrum anderer Fächer wie der Politikwissenschaft, Soziologie, Psychologie, Ökonomie oder Erziehungswissenschaft zu wählen. Studierende des Zwei-Fach-Bachelors haben einen Studienplatz in der Kommunikationswissenschaft und in einem anderen Fach. Das vielfältige Studienangebot in Münster erlaubt es, auch ungewöhnliche Kombinationen als Zwei-Fach-Bachelor zu wählen – wie beispielsweise Kommunikationswissenschaft mit Geografie oder mit Religionswissenschaft. Wenn es darum geht, sich zwischen Ein-Fach-Bachelor und Zwei-Fach-Bachelor zu entscheiden, würde ich allen Studienbewerbern mit konkreten Berufsvorstellungen, die mit zwei Studienfächern zu tun haben, zu einem Zwei-Fach-Bachelor raten. Wer beispielsweise den Traum hat, nach dem Studium in der Pressestelle eines Kunstmuseums zu arbeiten, dem würde ich zu einem Zwei-Fach-Bachelor in der Kombination Kommunikationswissenschaft/Kunstgeschichte raten.

Welche Master-Studiengänge bieten Sie am Institut für Kommunikationswissenschaft an?

Wir bieten zwei Master-Studiengänge an. Im allgemeinen Master-Studiengang „Kommunikationswissenschaft" vertiefen wir Themenbereiche wie beispielsweise die Kommunikation in Politik, Wirtschaft und Gesellschaft, Journalismus und neue Medien oder Medieneffekte und Medienrealitäten. Der spezialisierte Master-Studiengang „Strategische Kommunikation" zeichnet sich durch eine einzigartige Kombination von strategischer Kommunikation und Wirkungs- und Persuasionsforschung aus.

Sprechen wir über die Berufsaussichten der Studierenden. Absolventenbefragungen haben am Institut für Kommunikationswissenschaft der Universität Münster eine lange Tradition. Seit dem Jahr 2005 befragen Sie in regelmäßigen Abständen ihre Absolventen. Wie bewerten die Absolventen rückblickend das Studium der Kommunikationswissenschaft?

75% der befragten Absolventen bejahen die Frage, ob sie noch einmal Kommunikationswissenschaft studieren würden. Über 80% der Befragten loben rückblickend die Kompetenz der hiesigen Dozenten, zwischen 60 bis 70% der Befragten loben die Studienbedingungen wie beispielsweise das Lehrangebot oder die Organisation der Prüfungen. Positive Zahlen dieser Art kennt man auch aus Absolventenbefragungen anderer kommunikationswissenschaftlicher Studienstandorte. 20% der Münsteraner Absolventen haben uns zudem mitgeteilt, dass sie wieder in Münster studieren würden, dann aber ein anderes Fach. Dieses Ergebnis spielte eine Rolle bei der Entscheidung, in Münster die Kommunikationswissenschaft auch als Zwei-Fach-Bachelor anzubieten.

Was haben die Münsteraner Absolventen rückblickend als nicht so gut bewertet?

Unsere Zahlen zeigen, dass die Absolventen zu Beginn ihres Studiums sehr hohe Erwartungen an den Praxisteil im Studium hatten und dass diese Erwartungen in einem universitären Bachelor-Studium teilweise nicht erfüllt werden. Nur 25% der Befragten gaben an, mit den Praxisanteilen im Studium sehr zufrieden gewesen zu sein. Diese Zahlen sind für uns Appell, die Studieninteressierten immer wieder mit Nachdruck auf den wissenschaftlichen Charakter eines universitären Studiums hinzuweisen und die Unterschiede zu einer Ausbildung für einen Medienberuf oder einem Fachhochschulstudium deutlich zu machen.

Wie sind die Berufsaussichten für Kommunikationswissenschaftler aktuell einzuschätzen?

Die Berufsaussichten sind in meinen Augen hervorragend. 30% der Befragten gaben an, bereits während des Studiums ein Jobangbot erhalten zu haben. 20% der Befragten haben unmittelbar nach Studienabschluss ein erstes Stellenangebot erhalten, knapp 40% nach spätestens sechs Monaten. Jetzt darf man sich die Jobsituation für Kommunikationswissenschaftler natürlich nicht so vorstellen, dass die potentiellen Arbeitgeber an der Tür des Instituts für Kommunikationswissenschaft auf die Studierenden warten. Vielmehr ist es so, dass 40% der befragten Studienabgänger sich bereits vor Studienabschluss um eine Stelle gekümmert zu haben, 30% taten dies bei Studienabschluss und 30% gaben an, dies erst nach Studienabschluss in Angriff genommen zu haben.

Weiß man, wie viele Bewerbungen die Absolventen geschrieben haben, bis sie ein erstes Stellenangebot hatten?

Anhand der Ergebnisse unserer Absolventenbefragungen kann man folgende Rechnung aufmachen: Im Durchschnitt haben die Müsteraner Absolventen zehn Bewerbungen geschrieben, diese zogen drei Vorstellungsgespräche nach sich, die wiederum zwei Stellenangebote zum Resultat hatten. Gefragt nach den Wegen in den Beruf gaben 40% der Absolventen an, sich initiativ beworben zu haben, 35% hatten sich auf Stellenanzeigen beworben und 25% hatten durch Praktika den Weg in den Beruf gefunden.

Was wird man als Kommunikationswissenschaftler?

In unseren ersten Absolventenstudien waren die Berufsfelder noch ausgeglichen verteilt: Ein Drittel der Befragten gab an, im Journalismus zu arbeiten, ein weiteres Drittel war in PR und Kommunikationsmanagement und das restliche Dritte in sonstigen Medienberufen, in der Media- oder Medienforschung oder in der Wissenschaft tätig. Laut der jüngsten Befragung arbeitet über die Hälfte im Berufsfeld der strategischen Kommunikation: Allein 35% der Befragten arbeiten in der PR und weitere 15% in der Werbebrache. Im Journalismus verdienen ihr Geld demgegenüber nur noch rund 25%, 10% der Absolventen in der Wissenschaft und 15% in sonstigen Berufsfeldern. Unsere Zahlen zeigen zudem, dass bei einem Wechsel von der ersten auf die zweite Stelle, dies häufig den Wechsel vom Journalismus in das Kommunikationsmanagement bedeutet. Das Berufsfeld des Journalismus spielt offensichtlich nicht mehr die zentrale Rolle wie noch vor wenigen Jahren.

In welcher Position steigen Kommunikationswissenschaftler ins Berufsleben ein?

45% der Studienabgänger beginnen ihr Berufsleben als Trainees oder Volontäre, 35% der Befragten erhalten bei Berufseinstieg eine Festanstellung in nicht-leitender Position und 10% beginnen ihr Berufsleben als Selbständige. Nur für 10% der Absolventen beginnt der berufliche Einstieg mit einem Praktikum. Die „Generation Praktikum" gibt es unter den Münsteraner Absolventen eher selten. 5% der Befragten erhalten zu Beginn des Berufslebens gar eine Festanstellung in leitender Position.

Die gute Nachricht für diejenigen Absolventen, die nicht ganz oben auf der Karriereleiter einsteigen, lautet: Der Wechsel von der ersten auf die zweite Stelle geht in der Regel mit einem beruflichen Aufstieg einher. Unter den Befragten, die bereits ihre zweite Stelle innehaben, sieht die Verteilung wie folgt aus: Es sind dann schon 20% in leitender Position fest angestellt und rund 50% sind in nicht-leitender Position fest angestellt. Hingegen sind nur noch 14% weiterhin Trainees oder Volontäre und der

Anteil der Praktikanten beträgt nur noch 2%. Die Zahlen zeigen, dass man als Kommunikationswissenschaftler sehr gut im Beruf vorankommt.

Viele Bachelor-Absolventen machen freiwillig erst einmal Praktika statt sofort eine Festanstellung anzustreben. Woran liegt das?
Ich kann diese Frage nicht anhand der Zahlen unserer Absolventenstudien beantworten. Mein persönlicher Eindruck ist, dass die Praktika der Orientierung dienen. Sehr beliebt sind unter Bachelor-Absolventen übrigens Praktika im Ausland. Die Erfinder des Bologna-Systems haben ursprünglich gedacht, dass Bachelor-Absolventen sofort in den Beruf einsteigen. Das passiert ja auch, aber sicherlich nicht in dem Maße, wie von den Bildungspolitikern geplant. Der Grund dafür scheint mir zu sein, dass man als Bachelor-Absolvent eher vorsichtig ist, heißen Herzens den Berufseinstieg anzugehen, wenn man sich im Hinterkopf gleichzeitig damit beschäftigt, noch ein Master-Studium dranzuhängen. Im Gegensatz zu den USA sind die Master-Studiengänge im deutschsprachigen Raum nicht berufsbegleitend, sondern als Vollzeitstudiengänge konzipiert. Dies trägt meiner Meinung nach dazu bei, dass Bachelor-Absolventen nach dem Studium erst einmal lieber Orientierung suchen und sich unverbindlich in Praktika ausprobieren wollen.

Prof. Dr. Volker Gehrau ist Professor für Kommunikationswissenschaft an der Westfälischen Wilhelms-Universität Münster. Er hat an der Freien Universität Berlin die Fächer Publizistik, Informationswissenschaft und Betriebswirtschaftslehre studiert.

Silke Adam (Bern) über das eigene Studium im Rückblick

Frau Prof. Adam, ähnlich wie die Universität Düsseldorf bieten Sie an der Universität Bern einen Bachelor-Studiengang „Sozialwissenschaften" an. Dieser Studiengang wird gemeinsam vom Institut für Politikwissenschaft, Institut für Soziologie und Institut für Kommunikations- und Medienwissenschaft organisiert. Wie groß ist der Anteil kommunikationswissenschaftlicher Lehrveranstaltungen in diesem Bachelor-Studiengang?

Mit dem Bachelor-Studiengang verfolgen wir den Anspruch, den Studierenden ein breites Wissen in den Sozialwissenschaften zu vermitteln. Im Einführungsjahr besuchen die Studierenden bei uns neben soziologischen, politikwissenschaftlichen und kommunikationswissenschaftlichen auch betriebswirtschaftliche oder volkswirtschaftliche Lehrveranstaltungen. Außerdem erhalten die Studierenden im Einführungsjahr eine fundierte Methodenausbildung. Der kommunikationswissenschaftliche Anteil im Bachelor-Studiengang bemisst sich letztlich an den Interessen der Studierenden. Nach dem Besuch der Pflichtveranstaltungen im Einführungsjahr können unsere Studierenden sehr frei entscheiden, welche vertiefenden Lehrveranstaltungen sie besuchen. Innerhalb des Bachelor-Studiengangs ist die Kommunikationswissenschaft nach dem Einführungsjahr einer von mehreren wählbaren Studienschwerpunkten.

Sprechen wir über ihr eigenes Studium. War Ihnen damals bewusst, dass Sie ein sehr gutes Abitur haben müssen, um Kommunikationswissenschaft studieren zu können?

Ich habe damals vermutet, dass dies der Fall ist, aber gewusst habe ich es nicht. Seit der Zeit meines eigenen Studiums hat sich an der Zulassungssituation nicht viel getan: Auch heute braucht man in der Tat ein sehr gutes Abitur, um in Deutschland Kommunikationswissenschaft zu studieren.

Was sprach damals für Hohenheim als Standort, um Kommunikationswissenschaft zu studieren?

Um ehrlich zu sein: Ich habe mich nach meinem Abitur nicht nur für die Kommunikationswissenschaft, sondern beispielsweise auch für Biologie und Medizin interessiert. Ich hatte damals Zulassungen für verschiedene Studienorte und verschiedene Fächer. Letztlich habe ich mich dann für die Kommunikationswissenschaft entschieden.

Warum ich in Hohenheim studiert habe? Sicherlich war ein Grund, dass ich aus der Region stamme. Maßgeblicher für meine Entscheidung war aber, dass der damalige Diplom-Studiengang „Kommunikationswissenschaft", den es heute nicht mehr gibt, ganz neu an der Universität Hohenheim angeboten wurde und ich zur ersten Studiengangskohorte zählte. Ich hatte mir damals versprochen, dass die Neuartigkeit des Studiengangs es ermöglicht, dass wir uns als Studierende in die Ausgestaltung des Lehralltags einbringen können, was tatsächlich zum Teil der Fall war. Außerdem hat mich die Mischung aus Politik- und Kommunikationwissenschaft sehr gereizt, die die Universität Hohenheim durch ihre Kooperation mit der Universität Stuttgart zu bieten hat.

Klaus Schönbach und Ralf Hohlfeld haben in ihren Interviews berichtet, dass sie ursprünglich Journalisten werden wollten, als sie ihr Studium aufnahmen. Was war ihr ursprüngliches Berufsziel?

Ich hatte wie so viele Studienanfänger kein festes Berufsziel. Auch meine berufliche Neigung ging zu Beginn meines Studiums in die journalistische Richtung. Während meines Studiums habe ich dann mehrere Praktika im Bereich des politischen Journalismus gemacht. Rückblickend kann ich sagen, dass mir die Praktika zum Teil sehr große Freude gemacht haben. Aber ich muss auch sagen, dass mir durch die Praktika erst klar geworden ist, dass der große Zeitdruck im Berufsalltag und die Tatsache, dass man auch nach intensivsten Recherchen oft das Gefühl hat, dass der Artikel eigentlich noch nicht ganz fertig ist, nicht zu meinen Berufsvorstellungen gepasst haben. Etwas verkürzt könnte man sagen, dass ich während meiner Praktika gemerkt habe, dass mir das Bohren dickerer Bretter mehr Spaß macht. Über meinen Job als studentische Hilskraft in der Politikwissenschaft an der Universität Stuttgart habe ich erste Einblicke in den universitären Berufsalltag erhalten und fühlte mich davon sehr angesprochen.

Wie kam es, dass Sie an der Boston University in den USA den Master-Studiengang „Mass Communication" studiert haben?

Die Idee, in die USA zu gehen, stammte noch aus meiner Schulzeit. Ich wusste schon zu Beginn meines Studiums, dass ich eine gewisse Zeit in den USA studieren will. Ich hatte das Glück, dass ich mit einer Bewerbung auf ein Fulbright-Stipendium erfolgreich war. Das Besondere am Fulbright-Programm ist, dass man persönliche Wünsche äußern kann, an welcher Universität in den USA man gerne studieren möchte. Mit der Boston University bin ich dann an eine Universität gekommen, die auch auf meiner Wunschliste war. Ich muss sagen, dass ich unglaublich gerne in

Boston studiert habe. Das akademische Leben und die Atmosphäre auf dem Bostoner Campus sind wirklich einmalig.

Woran im Studium der Kommunikationswissenschaft erinnern Sie sich besonders gern und woran nicht so gern?

Gerne erinnere ich mich an meinen studentischen Hilfskraft-Job, weil mich mein damaliger Chef, Prof. Dr. Axel Görlitz, frühzeitig in die Forschung eingebunden hat. Toll fand ich immer auch Lehrveranstaltungen, die nicht auf reine Wissensvermittlung, sondern auf Verstehen angelegt waren. Während des Studiums habe ich mir machmal gewünscht, die eine oder andere Pflichtveranstaltung nicht besuchen zu müssen. Heute als Professorin sehe ich das zumindest manchmal etwas anders.

Gibt es etwas, was Sie Studieninteressierten und Studienanfängern gerne mit auf den Weg ins Studium der Kommunikationswissenschaft geben würden?

Das Studium der Kommunikationswissenschaft ist keine Berufsausbildung im engeren Sinne. Dies ist nicht der Anspruch der Universität. Im Studium der Kommunikationswissenschaft stellen wir, statt direkt für Berufe auszubilden, gemeinsam mit den Studierenden gesellschaftlich relevante Fragen rund um die öffentliche Kommunikation – z.B. nach der Rolle der Massenmedien im Prozess der Meinungsbildung oder danach, warum bestimmte Themen auf die öffentliche Agenda gelangen, wohingegen andere keine Beachtung finden. Auf diese Fragen suchen wir mit Hilfe von Theorien und mit den Methoden der empirischen Sozialforschung Antworten. Es lässt sich die eine oder andere Enttäuschung sicherlich vermeiden, wenn man sich als Studieninteressierter und Studienanfänger bewusst ist, dass die Kommunikationswissenschaft keine Praxisausbildung für bestimmte Kommunikationsberufe ist. Wer sich jedoch auf das Fach einlässt, kann viel lernen: kritisches und selbständiges Denken, wissenschaftliches Arbeiten und das souveräne Anwenden von empirischen Forschungsmethoden – Dinge, die man nachher auch außerhalb der Wissenschaft gut gebrauchen kann.

Prof. Dr. Silke Adam ist Professorin für Politische Kommunikation an der Universität Bern. Sie hat in Hohenheim und in Boston das Fach Kommunikationswissenschaft studiert.

Namensverzeichnis

Adam, Silke, 142
Altmeppen, Klaus-Dieter, 117

Bilandzic, Helena, 59
Brettschneider, Frank, 63
Brosius, Hans-Bernd, 122
Burkhardt, Steffen, 83

Donges, Patrick, 14
Donsbach, Wolfgang, 56

Fengler, Susanne, 76

Gehrau, Volker, 138

Hepp, Andreas, 22
Hohlfeld, Ralf, 36
Holtz-Bacha, Christina, 94

Jäckel, Michael, 17

Klimmt, Christoph, 101

Pörksen, Bernhard, 97
Paus-Hasebrink, Ingrid, 50

Quiring, Oliver, 70

Rössler, Patrick, 79
Raupp, Juliana, 131

Schönbach, Klaus, 10
Schönhagen, Philomen, 67
Schramm, Holger, 43
Seufert, Wolfgang, 28
Siegert, Gabriele, 127
Stöber, Rudolf, 31
Suckfüll, Monika, 25

Vorderer, Peter, 89

Vowe, Gerhard, 105

Wolling, Jens, 46

Zerfaß, Ansgar, 112

Verzeichnis der Studienorte

Augsburg, 59

Bamberg, 31
Berlin, 25, 131
Bern, 142
Bremen, 22

Dortmund, 76
Dresden, 56
Düsseldorf, 105

Eichstätt, 117
Erfurt, 79
Erlangen-Nürnberg, 94

Fribourg, 67

Greifswald, 14

Hamburg, 83
Hannover, 101

Ilmenau, 46

Jena, 28

Leipzig, 112

Mainz, 70
Mannheim, 89
München, 122
Münster, 138

Passau, 36

Salzburg, 50
Stuttgart-Hohenheim, 63

Trier, 17
Tübingen, 97

Wien, 10
Würzburg, 43

Zürich, 127

Lehrbücher / Nachschlagewerke

Klaus Beck
Das Mediensystem Deutschlands
Strukturen, Märkte, Regulierung
2012. ca. 290 S. (Studienbücher zur Kommunikations- und Medienwissenschaft)
Br. ca. EUR 19,95
ISBN 978-3-531-16370-3

Michael Jäckel
Medienwirkungen
Ein Studienbuch zur Einführung
5., vollst. überarb. u. erw. Aufl. 2011. 434 S. (Studienbücher zur Kommunikations- und Medienwissenschaft) Br. EUR 29,95
ISBN 978-3-531-17996-4

Otfried Jarren / Patrick Donges
Politische Kommunikation in der Mediengesellschaft
Eine Einführung
3., grundl. überarb. u. akt. Aufl. 2011. 283 S. (Studienbücher zur Kommunikations- und Medienwissenschaft) Br. EUR 24,95
ISBN 978-3-531-17437-2

Hans-Dieter Kübler
Interkulturelle Medienkommunikation
Eine Einführung
2011. 124 S. Br. EUR 14,95
ISBN 978-3-531-18229-2

Patrick Rössler
Skalenhandbuch Kommunikationswissenschaft
2011. ca. 400 S. mit Online-Service. Geb. ca. EUR 49,95
ISBN 978-3-531-15453-4

Ulrike Röttger / Joachim Preusse / Jana Schmitt
Grundlagen der Public Relations
Eine kommunikationswissenschaftliche Einführung
2011. 297 S. Br. EUR 19,95
ISBN 978-3-531-16470-0

Barbara Thomaß
Ethik der Kommunikationsberufe
Journalismus, Public Relations, Werbung
2012. ca. 250 S. (Studienbücher zur Kommunikations- und Medienwissenschaft)
Br. ca. EUR 24,95
ISBN 978-3-531-14416-0

Hartmut Weßler / Michael Brüggemann
Transnationale Kommunikation
Eine Einführung
2012. ca. 250 S. (Studienbücher zur Kommunikations- und Medienwissenschaft)
Br. ca. EUR 24,95
ISBN 978-3-531-15008-6

Erhältlich im Buchhandel oder beim Verlag.
Änderungen vorbehalten. Stand: Juli 2011.

Einfach bestellen:
SpringerDE-service@springer.com
tel +49 (0)6221 / 345-4301
springer-vs.de

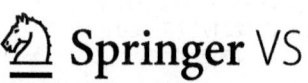

Medien

Thomas Schick / Tobias Ebbrecht (Hrsg.)
Kino in Bewegung
Perspektiven des deutschen Gegenwartsfilms
2011. 386 S. (Film, Fernsehen, Medienkultur. Schriftenreihe der Hochschule für Film und Fernsehen „Konrad Wolf") Br. EUR 29,95
ISBN 978-3-531-17489-1

Susanne Eichner / Lothar Mikos / Rainer Winter (Hrsg.)
Transnationale Serienkultur
Theorie, Ästhetik, Narration und Rezeption neuer Fernsehserien
2011. ca. 380 S. (Film, Fernsehen, Medienkultur. Schriftenreihe der Hochschule für Film und Fernsehen „Konrad Wolf") Br. ca. EUR 39,95
ISBN 978-3-531-17868-4

Andreas Hepp
Medienkultur
Die Kultur mediatisierter Welten
2011. ca. 160 S. (Medien – Kultur – Kommunikation) Br. ca. EUR 14,95
ISBN 978-3-531-17217-0

Hans J. Kleinsteuber
Radio
Eine Einführung
2011. ca. 280 S. Br. ca. EUR 24,95
ISBN 978-3-531-15326-1

Peter Ludes
Module internationaler Medienwissenschaften
Eine Einführung
2011. ca. 200 S. mit Online-Service. Br. ca. EUR 19,95
ISBN 978-3-531-18247-6

Claudia Wegener / Mariann Gibbon / Jesko Jockenhövel
3D-Kino
Studien zur Rezeption und Akzeptanz
2011. ca. 144 S. (Film, Fernsehen, Medienkultur. Schriftenreihe der Hochschule für Film und Fernsehen „Konrad Wolf") Br. ca. EUR 19,95
ISBN 978-3-531-17901-8

Michael Wedel (Hrsg.)
Special Effects in der Wahrnehmung des Publikums
Beiträge zur Wirkungsästhetik und Rezeption transfilmischer Effekte
2012. ca. 280 S. (Film, Fernsehen, Medienkultur. Schriftenreihe der Hochschule für Film und Fernsehen „Konrad Wolf") Br. ca. EUR 29,95
ISBN 978-3-531-17465-5

Erhältlich im Buchhandel oder beim Verlag.
Änderungen vorbehalten. Stand: Juli 2011.

Einfach bestellen:
SpringerDE-service@springer.com
tel +49(0)6221/345-4301
springer-vs.de

GPSR Compliance

The European Union's (EU) General Product Safety Regulation (GPSR) is a set of rules that requires consumer products to be safe and our obligations to ensure this.

If you have any concerns about our products, you can contact us on ProductSafety@springernature.com

In case Publisher is established outside the EU, the EU authorized representative is:

Springer Nature Customer Service Center GmbH
Europaplatz 3
69115 Heidelberg, Germany

Batch number: 08357869

Printed by Printforce, the Netherlands